CB067822

SUPERAÇÃO

Histórias de pessoas determinadas a vencer LIMITES!

Coordenação:
Maria Goret Chagas
e Andréia Roma

1ª edição

Editora Leader

São Paulo, 2017

Copyright© 2017 by Editora Leader
Todos os direitos da primeira edição são reservados à **Editora Leader**

Diretora de projetos: Andréia Roma
Diretor executivo: Alessandro Roma

Projeto gráfico e diagramação: Roberta Regato
Foto de capa: Robson Regato
Revisão: Miriam Franco Novaes
Impressão: F8 books

Dados Internacionais de Catalogação na Publicação (CIP)
Bibliotecária responsável: Aline Graziele Benitez CRB8/9922

S956　Superação / [coord.] Andréia Roma, Maria Goret Chagas. – 1. ed. – São Paulo: Leader, 2017.

ISBN: 978-85-66248-89-0

1. Autoajuda. 2. Motivação. 3. Comportamento. 4. Superação. I. Chagas, Maria Goret. II. Título.

CDD 158.1

Índice para catálogo sistemático: 1. Autoajuda 158.1

EDITORA LEADER
Rua Nuto Santana, 65, 2º andar, sala 3
02970-000, Jardim São José, São Paulo - SP
(11) 3991-6136 / andreiaroma@editoraleader.com.br
Atendimento às livrarias:
Liliana Araujo / lilianaaraujo@editoraleader.com.br
Atendimento ao cliente:
Rosângela Barbosa e Érica Rodrigues / contato@editoraleader.com.br

Dedicamos esta obra a todos vocês que decidiram superar todos os seus limites!

ÍNDICE

INTRODUÇÃO (Andréia Roma) 8

Associação dos Pintores com a Boca e os Pés 12
60 ANOS DA APBP

Celso Alexandre Marcondes 16
MEUS 800 KM, 26 DIAS DE SUPERAÇÃO

Diva Nilza Soares Chagas 24
DIVA, NOSSA DEUSA! 90 ANOS DE PURA ALEGRIA E FÉ!

Fernanda Gonçalves de Lima Andrade 34
O AMOR COMO FONTE DE SUPERAÇÃO E EMPREENDEDORISMO

Hermes Falleiros 44
MÃOS PARA QUÊ?

Joesle Ramer 50
LIÇÕES DE SUPERAÇÃO

Luiz Alexandre Souza Ventura 60
NÃO SEI CORRER

Maria Goret Chagas 68
O VOO DA SUPERAÇÃO!

Ricardo Chagas Nascimento 78
SÓCRATES E O MENINO

Dra. Sandra Lucia Siqueira Campos 88
CONVIVENDO COM O ADOECIMENTO: DA TEORIA À PRÁTICA

Sarita Araujo Pereira 98
A MELODIA QUE ABSURDAMENTE ENCANTA!

Sidnei Silvestre da Silva e William Duarte de Oliveira 108
SUPERANDO O INVISÍVEL

W. Veríssimo 116
A NUDEZ DA ARTE!

INTRODUÇÃO

Esta obra foi construída com muito carinho, e acredite: você encontrará um pedacinho de você mesmo em todas as histórias.

Superação, uma palavra tão criticada por alguns e tão forte para outros. É com esta palavra, porém, que defino todos os dias da minha vida: Superação.

Ao criar este livro e convidar outras pessoas para participar, eu pensei em apresentar para o mercado algo que marcasse cada leitor com as diversas histórias de superação.

Deixe-me contar rapidamente um pouco de minha história para você, leitor, entender como a palavra superação é forte para mim.

Comecei a trabalhar bem cedo. Com meus 14 anos já estudava e para ajudar em casa comecei a trabalhar como cuidadora de um casal de velhinhos, um deles tinha mais de 90 anos e o outro chegando próximo disso. Meu trabalho era dar comida, remédios no horário e conversar com eles, uma lição para uma menina de 14 anos. No meu primeiro dia vi que eles não comiam, não conversavam e não sorriam.

Os dias se passaram e então tive a ideia de fazer algo para que eles sorrissem e talvez começassem a comer. Comecei a contar piadas e fazer caretas para ver o que acontecia. No começo não funcionou, mas depois de alguns dias eles começaram a sorrir e também a comer. A cada momento que eu via isso me sentia uma heroína, acredito que você que está acompanhando meu relato imaginou minha emoção. Foi assim que me senti, e foi quando a palavra superação começou a atuar em minha vida, através de algo simples, porém para uma menina de 14 anos era um ato de superação.

Fiquei com eles durante quase um ano e depois foram levados para um asilo pela filha, eles nem imaginam o quanto me ensinaram, aprendi com eles a não desistir.

Depois fui trabalhar em uma banca de pastel. Nossa! Era uma gritaria, mas eu gostava de sorrir e atender as pessoas, fiquei pouco tempo lá, porém aprendi muito com os japoneses que eram os donos, eles me faziam experimentar todos os dias o pastel de carne, que era o que mais vendia. Diziam que se eu gostava os clientes também iriam gostar, e tomei esta lição para a minha vida, pois entendi que devemos oferecer sempre o melhor que gostaríamos de ter para nós mesmos.

Saí de lá e fui trabalhar como operadora de *telemarketing*, para vender jornais. Havia uma meta de vendas e quem não a atingisse estava fora, eu não sabia nada, não tinha experiência, então comecei a ler as notícias para vender e deu certo, através da leitura eu vendia para o cliente, na verdade todas as vezes que conversava com um cliente falava sobre uma notícia e perguntava o que ele achava, daí eu vendia. Fiquei um tempo nessa empresa e adquiri novos conhecimentos através da leitura que fazia. Aprendi que se queremos superar nossos limites temos que conhecer sobre o que apresentaremos para o outro, ou seja, nosso cliente.

Todas essas experiências foram para mim lições de superação das quais me orgulho muito. Certa vez, uma amiga me disse que honrar sua história faz de você um grande profissional, e eu acredito nisso.

Mas a história continua: aos 18 anos engravidei de uma menina linda, a que dei o nome de Larissa, cujo significado é Alegria. Foi isso que ela trouxe para a minha vida, o pai dela seguiu um outro caminho e eu segui minha vida agora acompanhada da minha Larissa, a Alegria dos meus dias.

Aos 20 anos comecei a atuar como vendedora de livros e revistas, conseguia bater todas as metas e tinha um segredo: tudo que eu vendia gostava de ler antes, então, quando eu falava com o cliente já sabia que iria vender, pois eu vendia algo que ele ainda não tinha e isso era para mim uma grande superação.

Próximo dos 25 anos me casei e recebi mais um presente, meu segundo filho, Boaz, que com sua chegada reforçou ainda mais o que eu queria realizar em minha vida. Pouco antes dos 30 anos, estudando e trabalhando, realizei minha primeira formação em Coaching, recordo-me até hoje que o exercício da sala de aula era a linha do tempo onde eu teria que criar uma ponte ao meu futuro e o propósito era reforçar aonde eu queria chegar. Minha meta foi ter uma editora.

Você deve estar se perguntando: "Mas Andréia, onde está a superação?"

Eu conto: depois de sair de uma editora em que trabalhava, fui convidada por um profissional renomado para ser sócia e estruturar uma editora. O que eu faria? Estruturaria a empresa e a deixaria funcionando. No entanto, me deparei com uma situação que me decepcionou muito: como achava que a palavra bastava, não assinei nada e comecei a trabalhar, entrava cedo e não tinha hora para ir embora, acreditava muito no que eu fazia. Eu queria conquistar mais em minha vida e via que aquela era minha chance. Contudo, depois de um ano aproximadamente na empresa fui dispensada, saí, como se diz popularmente, com "uma mão na frente e outra atrás", pois não tinha nada assinado, e aí vem a superação.

Fiquei em casa pensando o que iria fazer e com que dinheiro faria, pois somente meu marido trabalhava, e então fui pega de surpresa: meu marido me chamou para conversar, até pensei que seria divórcio, pois tanta coisa aconteceu que achei que tudo tinha acabado. Lembro-me bem daquele momento. Ele me disse: "Andréia, quanto vale seu sonho?" Eu respondi que valia muito, foi aí que ele me ofereceu uma quantia, perguntando se era suficiente para eu recomeçar uma empresa, pois ele havia pedido as contas no emprego e queria apostar em mim!

Claro, chorei muito, foi uma surpresa e tanto. Sabia que enfrentaria concorrentes de peso, mas não me importei e nem me importo, pois amo tanto o que faço que sei que sou única.

"Nossa, mas onde está a Superação?", você talvez possa estar questionando. E eu respondo com toda convicção com tudo que aprendi:

A Superação está em sorrir todos os dias!

SUPERAÇÃO

A Superação está em olhar o problema de outra forma até descobrir a solução.

A Superação está em dar um passo para trás, mas não deixar de confiar nas pessoas.

A Superação está em amar o que se faz o todo tempo.

A Superação está em acreditar que é possível mesmo quando dizem que não é.

Agradeço a todos os coautores convidados e à querida amiga Maria Goret Chagas, que me ensina todos os dias com sua história.

Andréia Roma
Fundadora e diretora de projetos
da Editora Leader

A Associação dos Pintores com a Boca e os Pés (APBP) teve seu início em 1956 quando Erich Stegmann, artista que pintava com a boca, reuniu um pequeno grupo de artistas com deficiência de oito países europeus. Objetivo: ganhar o próprio sustento através de seus esforços artísticos e obter uma segurança de trabalho.

Juntando as habilidades criativas com uma visão de negócios, Stegmann fundou no ano seguinte a APBP como uma organização corporativa que reproduz os trabalhos dos seus artistas na forma de cartões, calendários e outros produtos.

O grupo representa aproximadamente 800 artistas em mais de 70 países e, atualmente, há 53 artistas no Brasil.

www.apbp.com.br

SUPERAÇÃO

60 ANOS DA APBP
(ASSOCIAÇÃO DOS PINTORES COM A BOCA E OS PÉS)

Já se passaram 60 anos desde que a associação mundial dos pintores com a boca e os pés foi fundada em Vaduz, capital de Liechtenstein. Isso aconteceu por iniciativa do pintor com a boca Arnulf Erich Stegmann, da Alemanha, que também se tornou presidente da Associação até o final da sua vida. Ele encontrou 18 pintores com a boca e os pés em diferentes países da Europa e, juntos, fundaram a APBP (VDMFK) em março de 1957.

Erich Stegmann nasceu em 4 de março de 1912 na Alemanha. Aos dois anos de idade, contraiu poliomielite e, desde então, ele perdeu o movimento dos seus braços e mãos. Sua determinação e perseverança para superar sua limitação física foram tão fortes que ele treinou para se tornar um pintor profissional depois de aprender a pintar com a boca como um autodidata. Seu sonho era poder juntar todos os pintores com a boca e os pés ao redor do mundo em uma organização que permitisse a eles obterem uma renda e levar suas vidas livres de preocupação. Ao seu lado estavam o prof. dr. Herbert Batliner, que trabalhou como consultor legal da Associação por mais de 56 anos, e Hans Massberger que, devido ao seu conhecimento artístico, foi responsável por todas as questões artísticas.

Depois da morte de Arnulf Erich Stegmann, três artistas estiveram no comando da Associação: Marlyse Tovae, da Suíça, Eros Bonamini, da Itália, e eu. Todos nós nos comprometemos com o legado de Stegmann e devotamos nossa energia para ajudar a APBP a florescer e prosperar, bem como para salvaguardar sua contínua existência. Sessenta anos se passaram e hoje a Associação tem mais de 800 artistas ao redor do mundo. Eles fazem parte da APBP como membros plenos, membros associados ou são apoiados como bolsistas. Assim, a APBP desempenha um papel decisivo para ajudá-los a superarem seu isolamento e permitir-lhes dedicarem-se a suas atividades artísticas.

Ao redor do mundo 49 editoras foram comissionadas pela Associação para comercializar os trabalhos criados com a boca ou os pés em forma de cartões postais, calendários e outros produtos. A história dos 60 anos da APBP é caracterizada por uma cooperação quase perfeita entre artistas, a APBP e as editoras, e todos eles tiveram sucesso trabalhando juntos de mãos dadas para promover a Associação de acordo com os desejos de Stegmann. Todos eles têm contribuído para o sucesso da APBP, e sou muito grato por isso.

A intenção deste capítulo é honrar a iniciativa de Stegmann. Com a Associação, ele nos deixou um trabalho tão maravilhoso que nós, pintores com a boca e os pés, podemos ter uma vida como outra pessoa qualquer. E isso é uma coisa que nunca devemos esquecer.

Hoje nosso objetivo é trabalhar em nosso futuro para poder oferecer às futuras gerações de pintores com a boca e os pés as mesmas condições que usufruímos. Como 4º presidente, eu farei tudo que estiver ao meu alcance para alcançar esse objetivo.

Serge Maudet
Presidente da Associação dos Pintores com a Boca e os Pés

Celso Alexandre Marcondes

Sócio da Orientar Consultoria e Treinamentos. Mestre em Economia do Desenvolvimento (PUC-RS), formado em Administração (Ulbra), especialização em Gestão de Pessoas (UNISC) e MBA em Engenharia de Produção (Fatec). Professor do curso de pós-graduação em Administração de Pessoas e MBA de Liderança e Coaching (Uniasselvi), supervisor de produção com 15 anos de atuação em gestão de pessoas em empresas multinacionais. Membro da Sociedade Gaúcha de Coaching. Palestrante e consultor de empresas.

(51) 99252-4430
celsomarc@terra.com.br
cealemarc@gmail.com

SUPERAÇÃO

MEUS 800 KM, 26 DIAS DE SUPERAÇÃO

Em outubro próximo passado, durante uma ceia com colegas de trabalho, falávamos sobre viagens e o quanto não dedicávamos tempo pra nós mesmos. O tema da conversa acabou gerando uma reflexão sobre o quanto esses fatores podem ser importantes na busca do autoconhecimento.

Após algumas pesquisas, resolvi fazer o Caminho de Santiago de Compostela, consagrando um tempo para peregrinação em busca de autoconhecimento, bem como desfrutando a viagem para conhecer novos lugares e costumes.

Depois de sete meses, com minha mochila e passagem na mão, embarquei rumo a Saint Jean Pied de Port, local onde começaria minha peregrinação. Devo registrar que esses meses passaram muito rápido.

Quando cheguei a Madri, para minha surpresa e inquietação, a companhia aérea perdeu minha mochila entre as conexões. Naquele momento, minha primeira vontade era regressar de imediato, devido à frustração que senti. Decidi ligar para casa e ouvi uma das falas mais coerentes até então: "Seu caminho já começou quando você saiu de casa". As palavras foram consoladoras e, ao mesmo tempo, serviram como um abrir de olhos para o propósito desta viagem.

Depois de um percurso de trem que me levou até Pamplona, seguido do trajeto de táxi até Saint Jean Pied de Port, cheguei ao início da peregrinação. A sensação era incrível, muitos peregrinos andavam pelas ruas, sendo contagiante ver toda a emoção e expectativa das pessoas que iriam caminhar os 800 quilômetros que nos separavam de Santiago de Compostela.

A ansiedade e toda a emoção de começar não me deixaram dormir tranquilamente durante a noite. Sentia que muitos preconceitos precisavam ser quebrados. Interessante observar que mudamos de ambiente, mas trazemos conosco pensamentos e comportamentos do local onde vivemos, sendo que a preocupação com dinheiro e documentos era para mim um dos pontos de maior *stress*.

Junto a dezenas de peregrinos, iniciei a caminhada logo pela manhã. Durante a noite, o tempo tinha virado e, assim, percorremos os primeiros 24 quilômetros do caminho com muita chuva, lama, emoção e uma sensação de conquista muito forte.

Quando acordei após o primeiro dia de caminhada, não consegui colocar os pés no chão, porque os esforços para vencer as subidas e descidas, levando todo o equipamento molhado, exigiram demais dos pés e das pernas. Parei e refleti. Dentre os muitos pensamentos que me vieram à mente um deles me dá ânimo e vontade de sair daquela situação:

"Nenhum obstáculo será maior do que meu desejo de chegar a meu objetivo."

Então procurei caminhar lentamente pelos corredores do alojamento e me senti melhor e com disposição para continuar. Recuperadas as energias, saí para mais uma etapa. Passei por vários lugares que por si só já despertam a vontade de continuar e descobrir a cada quilômetro coisas fascinantes, locais preservados, que fazem imaginar como as pessoas viviam em épocas passadas.

Os quilômetros vão passando e resolvi parar para descansar em Pamplona. No dia seguinte, ao sair da cidade passei pelo jardim botânico onde existe uma inscrição que faz a seguinte pergunta:

"Quem é você?"

É interessante essa pergunta. Ela te estimula a pensar sobre quem você é realmente, sobre o que você está fazendo nesta vida ou, ainda, buscar identificar quem está ajudando na conquista de seus objetivos e sua missão de vida. Seguindo pelo caminho, mais à frente, encontrei o morro do perdão, que é uma subida bem forte até alcançar o topo. Lá em cima, pude encontrar o lugar onde o caminho do vento cruza com o das estrelas e tive a oportunidade de perdoar. Posso afirmar que é um momento único no caminho, onde perdoar a si e aos outros permite sentir o corpo e a alma muito mais leves e os sentimentos renovados para seguir em frente.

"Acreditar que você tem o poder de chegar lá e conquistar seus sonhos já é mais do que o meio do caminho."

Os dias foram passando, cada um com seu próprio ritmo. Ao longo do percurso, em cada vilarejo que surgia no caminho, assim como nas pessoas que ia conhecendo - cada uma delas com suas histórias de superação -, percebia que, a cada instante, a cada curva da vida, podemos estar diante de oportunidades de crescimento pessoal e aprendizagem para vencer obstáculos e superar dificuldades. Nesse momento, concluí que muitas vezes as nossas conquistas estão recheadas de boas decisões.

Sigo o percurso. A chegada em Castildelgado foi outro momento de superação. Depois de percorrer aproximadamente 250 quilômetros do trajeto, as bolhas em meus pés estavam maiores e as dores ao caminhar exigiam mais esforço a cada passo. No albergue em que fiquei, fiz um banho de sal, tomei um remédio para dor e, durante esse tratamento, pensei:

"O primeiro passo pra que você conquiste teus objetivos é se convencer que é capaz de superar cada etapa."

Na manhã seguinte, acordei e já estava melhor. Retomei meu caminho, ainda tinha muitos quilômetros a percorrer, e a perspectiva de um mundo de possibilidades para aprender e conhecer. Incrível que, apesar das situações enfrentadas durante esses quilômetros já percorridos, eu estava motivado e trazia na bagagem muitas novas experiências para compartilhar.

Os quatro dias que se seguiram foram de descobertas, aprendizado e autoconhecimento. Passo a passo fui encurtando a distância do meu objetivo final.

A chegada a Belorado foi muito interessante. Depois de andar por 38 quilômetros debaixo de um sol muito forte e constante, numa região onde praticamente só existem plantações de girassol, eu estava cansado e a falta de água que tive durante a caminhada contribuiu para que me sentisse esgotado. Nesse quadro, foi inevitável questionar mentalmente qual era a finalidade de tudo que havia feito até então. Parei e me sentei em frente a uma fonte e, na mente, veio a seguinte reflexão:

"Eu não posso mudar as condições do clima, mas posso ajustar a forma de realizar."

E assim foi feito. Nos dias seguintes, para evitar novos contratempos, levei mais água e parei diversas vezes para poder me abastecer de energia. Em consequência, também pude apreciar melhor tudo o que o caminho me oferecia. Confesso que não foi fácil, mas obtinha retorno da minha superação, tanto na parte física quanto na mental. Interessante perceber que, como ensinava um dos manuais que li antes da viagem, às vezes é o corpo que leva a cabeça, às vezes é a cabeça que leva o corpo.

Depois de vários dias de estrada, os dias de peregrinação começaram a ganhar outro formato. O corpo, agora, estava acostumado com as caminhadas, o sol constante e as paradas para repor as energias. Nesse contexto, minha busca encontrou outro foco e passou a ser por conhecimento, pelas leituras dos pontos de destaque que encontrei durante o percurso, apreciando cada vez mais os detalhes e as mensagens da paisagem que me cercava. Nesse trecho, um dia foi muito especial. No trajeto de Itero de La Vega até Carrion de Los Condes, caminhei 37 quilômetros, com um vento forte e constante em praticamente todo o percurso, muito tempo andei contra o vento. Por isso, depois de andar praticamente 10 horas sob condições adversas, ao avistar Carrion, um sentimento de alegria inundou meu ser, diante da certeza de que em breve estaria abrigado e poderia descansar da longa e difícil jornada daquele dia. Novamente, observei que as pernas e o corpo estavam esgotados. Todavia, após percorrer as ruas do lugar não consegui um local para pernoitar, porque a cidade estava em festa e as acomodações cheias. Só havia uma solução, andar mais 16 quilômetros até a próxima cidade para ver se lá, com sorte, encontraria algum lugar para descansar.

Quando estava saindo da cidade, sem conseguir andar direito, pois estava esgotado, vi um hotel e resolvi perguntar se tinham vaga naquele dia. A resposta fez crer que o destino conspirou a meu favor, porque eles tiveram uma desistência e havia uma vaga para aquela noite. Além disso, para minha surpresa soube que o hotel era um antigo mosteiro. Após o banho, minha intenção era comer alguma coisa e logo ir dormir, pois estava muito cansado, mas ao sair do restaurante fui levado pela curiosidade a conhecer o claustro e ao caminhar pelos corredores foi possível observar que nas estruturas estavam entalhados mais de mil rostos. Meu encantamento foi tanto que o cansaço e as dores foram transformados em euforia e contemplação. Nunca em minha vida tinha visto uma coisa tão bonita e interessante como aquela. Sentado em um dos bancos pensei:

"O cansaço que sentimos só é superado quando encontramos algo que nos motiva a continuar e esquecer o que estamos sentindo no momento, substituindo as dores físicas por emoções."

Naquela noite, fui deitar cheio de energia e renovado com as coisas que tinha visto e com as emoções que havia experimentado. Em silêncio, agradeci a Deus pela oportunidade de conhecer esse lugar, o que só foi possível devido à cidade estar com as acomodações lotadas.

Mais alguns dias se passaram e estava chegando à subida de um dos pontos mais altos do caminho, a Cruz de Ferro. Era um lugar abençoado e tinha programado deixar aos pés da cruz algumas pedras que tinha trazido do Brasil. A subida foi bem difícil. Parei por diversas vezes para descansar, já estava caminhando há 18 dias e, apesar de já estar acostumado, o desgaste em razão do tempo e do calor estava muito presente naquele momento. Quando, finalmente, alcancei a Cruz de Ferro, parei para um momento de oração e gratidão pelas conquistas até aquele momento, e na minha mente surge esta reflexão:

"As dificuldades que enfrentamos no dia a dia nos preparam para alcançar resultados surpreendentes quando acreditamos que é possível realizar."

Deixando a Cruz de Ferro, vi uma placa com indicação de que ainda restavam 233 quilômetros até Santiago de Compostela. A leitura também dizia que eu já tinha cumprido 567 quilômetros do caminho. Sinto cansaço e felicidade.

Alguns dias depois chego a Ponferrada. Na cidade há um Castelo dos Templários, decido conhecê-lo e lá encontro um grupo de brasileiros que estava em viagem para participar de um encontro de jovens em Madri. Nesse lugar, vivi mais um momento de superação das minhas dificuldades pessoais, ao falar com o grupo sobre as minhas experiências no Caminho até ali. Foi uma ocasião única para mim, estar falando para um grupo de jovens, com emoção à flor da pele pelo reconhecimento e oportunidade de transmitir experiência e dividir conhecimento. Saio dessa cidade realizado e com um sentimento de conquista.

Sigo adiante no caminho que ainda me espera. Mais alguns quilômetros, decido parar para descansar e refletir sobre o que aconteceu e a mente traz nova lição:

"Pense a respeito das coisas que você deseja ser, peça, que Deus irá encontrar formas de te proporcionar o que deseja, basta proclamar."

No dia seguinte, acordo bem cedo e vejo no mapa que a subida do Cebreiro está chegando e será em breve mais um desafio. Depois de mais alguns dias no percurso, lá estou e sinto-me preparado para começar a subida. Cada passo dado traz um turbilhão de emoções que afloram por todos os sentidos do meu ser. Em livros que li antes da viagem, muitos comentam que esta subida pode ser mágica, no entanto, pra mim, vencer suas trilhas, chegar ao alto representou superação, emoção e autoconhecimento.

Lá no topo do Cebreiro, diante de uma vista incrível, encontrei um lugar onde tive vários motivos para sentar e refletir sobre minhas conquistas até aqui.

"As pequenas conquistas diárias nos fazem alcançar grandes objetivos."

Repleto de sensações e emoções, acordei no dia seguinte e percebi que estava a 150 quilômetros de terminar o Caminho de Santiago. Repassando tudo, senti que as situações vivenciadas até ali fortaleceram meu corpo e minha mente para terminar esta jornada. Fiz uma parada para pernoite, no dia seguinte com a rota do dia traçada sigo em direção a Sarria. Chegando à cidade não encontro local para passar a noite e sigo para a próxima cidade, onde também não há vagas para pernoitar. Buscando forças nas dificuldades já enfrentadas, vou seguindo de vilarejo em vilarejo, e até encontrar um lugar para ficar constatei que havia andado 56 quilômetros em aproximadamente 16 horas. Esse foi, com certeza, um dos grandes desafios do caminho, pois foi preciso saber lidar com a mente, um fator importante nessas situações.

Na manhã seguinte, o corpo reclama dos excessos do dia anterior, sinto que os joelhos e as costas estão doloridos, no entanto, a motivação de estar a menos de 100 quilômetros do destino traz energia extra e compensa tudo o que passei.

Levanto, organizo as minhas coisas e sigo em frente, sabendo que, se tudo der certo, em três dias estarei concluindo o Caminho de Santiago. Esse foco traz um significado especial a cada um dos três dias do percurso final.

Quando acordo, percebo que estou no último dia dessa jornada. Foi uma jornada de superação, autoconhecimento e conquistas pessoais. Saio do albergue cheio de energia e disposição, os passos são firmes e determinados, ao lado de muitos outros peregrinos que estão seguindo na mesma direção. Sinto que a motivação deles é igual a minha, e isso dá mais força para seguir.

Ao entrar na cidade, consegui ver a ponta da torre da igreja. É impossível descrever com palavras a emoção que senti. No peito, meu coração batia forte e a cada passo ficava mais e mais feliz com a conquista. Cheguei à Igreja de Santiago de Compostela. Ela é incrível, com suas paredes imponentes, repleta de peregrinos que entram e saem. Finalmente, depois de caminhar 800 quilômetros, durante 26 dias, cheguei ao meu objetivo final e pensei:

"Devemos parar de olhar para trás, você já sabe o que aconteceu, devemos olhar pra frente e escrever a cada dia um novo destino."

Recomendo esta experiência a todos, a busca por autoconhecimento deve ser permanente.

Diva Nilza Soares Chagas

É formada em resiliência, superação, motivação, sabedoria e muita fé!
Uma história que inspira!
Destino o meu email para quem quiser se manifestar: goretchagas@gmail.com

SUPERAÇÃO

DIVA, NOSSA DEUSA! 90 ANOS DE PURA ALEGRIA E FÉ!

Por Maria Goret Chagas e
narração de Diva Nilza Soares Chagas

São José do Barreiro, cidadezinha entranhada nas maravilhas da Serra da Canastra, rodeada por belíssimas cachoeiras, trilhas, um emaranhado de verde, aves coloridas, fontes cristalinas, ali, como o nosso rio São Francisco, o "velho Chico" com sua história marcante para o país, nasceu uma diva entre vários josés e, também, com uma história marcante e inspiradora!

Seus pais? Maria, a Cotinha do Horácio, casou-se aos 12 anos de idade e sonhava com suas bonecas de pano, ele, o pai, delegado de polícia, dominava tudo e estudava Homeopatia, autodidata, eram pais dos filhos José I, José II e José III. Espere aí, o que diferenciava era o algarismo romano? Sim!

Esperavam outro José, mas nasceu a Diva, a alegria foi tanta que resolveram reafirmar o sentido de diva e colocaram os sinônimos como nome: Diva Deusa da Divindade, sim e ela merecia todos os adjetivos possíveis, uma deusa!

A deusa foi crescendo, vida pobre, mas sonhava em estudar, conseguiu, ia a pé, descalça, para a escola, fez até o 3º ano primário, vendia quitanda para arrumar os dentes, tinha um vestido de festa, só um, que foi estragado, cortado, pois acreditou em seu irmão que dissera ter um marandová dentro, tinha pânico do bichinho.

Bonita, causava inveja nas mocinhas da época, os moços eram apaixonados por ela, namoradeira sim, chegava a pular a janela para ir a uma festa, mas só flertava... uma pureza!

E os josés? A lista numérica só aumentando, IV, V, VI, VII, VIII e IX, entre eles nasceu a Nilza, outro xodó, aí nessa altura a Diva, que já era empreendedora e atemporal, fazia acontecer, sabia que não tinha um nome e sim sinônimos, então quis mudar sua identidade.

O sr. Horácio aceitou com a condição de que ela se chamaria Diva Nilza e a outra menina Nilza Diva, que criatividade! ou não.

A família mudou-se para São Roque de Minas, hoje cidade turística que representa a grandiosidade da Canastra, e não é que Diva foi eleita miss da cidade!

Passados os anos mudaram-se para Delfinópolis, também em Minas Gerais, até então, cidadezinha pacata. Diva Nilza Soares continuava bonita, querida, sensível, mas de uma firmeza de caráter incrível.

Um belo dia um mascate apareceu em sua casa com sua mala repleta de mercadoria, pronto, o destino dos dois já estava traçado, Alaíde Rodrigues Chagas se apaixonou por Diva e ficaram primeiramente amigos, ele era noivo de uma moça que "fazia gosto de sua mãe Adélia", a Diva, segundo seu pai Horácio, poderia casar-se com um primo, e aí diante desse impasse ela tomou a atitude, se era para casar que fosse com Alaíde, este terminou o noivado e dentro de um mês se casaram, deixando os pais de ambos perplexos.

Diva morava perto da igreja e lá foi ela, de noiva, a pé e sozinha!

O tempo passou, as famílias se acertaram, Alaíde abriu um pequeno comércio que depois se tornou a maior loja da cidade, Delfinópolis foi invadida pelas águas do Rio Grande. Na hidrografia, destaca-se a bacia do Rio Grande que banha a Usina Hidrelétrica Mascarenhas de Moraes e o local de travessia por balsa para a cidade de Delfinópolis - https://pt.wikipedia.

Os filhos começaram a nascer, uma menina, um menino, a história dele se mistura com a história da terceira filha, ele, apenas dois anos mais velho que esta que, agora, narra a história.

Minha mãe teve uma gestação normal, mas para o susto de todos nasci com pernas e braços atróficos, minha avó me enrolava bem para que ninguém visse "meus problemas", como ela dizia, mas minha mãe me desenrolava e dizia: eu a entrego para Nossa Senhora e ela vai ser muito feliz!

SUPERAÇÃO

E fui... e sou!

Tudo começou em Delfinópolis, 1951, nasci tetraplégica.

Lembro-me, na minha infância, dos passeios nas cachoeiras, carro, um Jeep, cheio de crianças, matula, frango com farofa, muita alegria, a disposição incansável de meu pai.

Foi daí que herdei esta disposição para descobrir o novo, o nosso anjo da guarda teve muito trabalho, cachoeiras, a de Santo Antônio me marcou bastante, trilhas, precipícios, perigos que não víamos, perfeita harmonia entre natureza, criatura e Criador.

Lembro-me de que meus pais namoravam nesses passeios e passavam para nós, crianças, o verdadeiro sentido do amor.

Não havia perigo?

Sim, mas a proteção era maior!

Lembro-me ainda da loja de meu pai, Casa São Paulo, uma espécie de supermercado, tinha de tudo, de tecido a chapéu, o que imaginássemos ali tinha.

Ficava na esquina da praça, minha mãe, já com quatro filhos, ajudava na loja, como meu pai, também era boa vendedora, não deixava ninguém sair sem levar nada. Se apertava, começava a atender um, enquanto este pensava atendia outro, não tinha estudo, mas tinha postura, gentileza, alegria, sabia vender para "vencer".

Meu pai, nem se fala, "comerciante nato".

Eu ficava sentada em cima do balcão desenhando, já gostava de desenhar, pintar desde criança, de uma forma diferenciada, bem diferenciada.

Como?

Com os pés.

Era sapeca, quebrei o braço quatro vezes quando criança e uma depois de "velha".

Assim era a pacata Delfinópolis - natureza, cidadezinha onde todos se conheciam, festas populares, quermesses, missões religiosas, passeios pelas cachoeiras, cinema.

Eu, pessoa com deficiência, meu irmão mais velho sofreu meningite, minha mãe adoeceu gravemente, mesmo assim, deixou-nos com uma tia, já com o quarto filho, e foi com meu pai para a capital, São Paulo, cuidar da meningite de meu irmão, ficaram uns quatro meses, foi uma luta terrível, na casa da cunhada, minha mãe e meu pai corriam atrás de tratamento para meu irmão, vacinas, injeções que eram aplicadas pelo próprio médico e na casa de meus tios, um exemplo raro de dedicação.

Meus tios e primo de uma hospitalidade incomum, as graças de Deus foram-se manifestando.

De que forma?

Ela... hóspede.

Ela... zelando por um filho.

Ela... longe de casa.

Ela... com muita fé!

Eles tratando-a com o maior respeito e carinho.

Meu irmão foi curado, sem nenhuma sequela, ela, a mãe atemporal e proativa, apesar de sua simplicidade, enfrentou, junto com meu pai, todo o tratamento precário da época, precário mas feito com vocação e amor e isto bastou.

Voltaram, nós os estranhamos, mas tudo foi voltando ao normal e, mais uma vez, ela engravidou, segundo o médico, ela não podia engravidar, estava muito fraca, debilitada, tuberculosa, mas quando a criança nasceu com quase cinco quilos, até aqui parto normal, o médico usou esta frase: "Sua gravidez a curou!"

Quando minha mãe mandava-nos para o cinema, podia saber que vinha mais um irmãozinho ou irmãzinha, parto normal em casa, com a parteira e tudo.

Não víamos a hora do final do filme, nosso pensamento estava na novidade.

Foram cinco em Delfinópolis, um em Cássia e três em Franca.

Bom, já deu para perceber que mudamos de Delfinópolis para Franca.

SUPERAÇÃO

Meu pai, com sua visão de futuro, percebeu que era hora de mudar de foco, os estudos dos filhos, de que só aumentava o número, o trabalho... o comércio geral já se definia para o ramo de carros.

Quantas vezes, em pleno passeio ou viagem, descíamos do carro, nós e as bagagens, para a troca do carro vendido ou trocado. Era divertido.

O abrigo e a confiança em Deus, a união e a coragem para enfrentar as adversidades, o bom humor eram a base daquela família, sempre inspirada na imagem de minha mãe.

Família de empreendedores, com ousadia, coragem, busca do novo, estes exemplos modificaram o rumo de minha vida. Aprendo a ser assim, também, com ela.

A presença dela transformava e ainda transforma a todos.

O meu tratamento como filha, em casa, era normal, o que todos faziam, à minha maneira, fazia também. Minha mãe, com seu jeitinho, fazia-me sentir normal, sempre atenta, mas dando-me oportunidade de "me virar".

Com a volta de meus pais, na época da festa ao Divino Espírito Santo, assumiram como festeiros a quermesse.

Minha mãe conta que foram tempos difíceis, mas abundantes em graça. Tudo era diferente, parecia uma preparação.

Ela organizava as prendas para a noite da festa, durante o dia pedintes apareciam e ela os saciava com as delícias caseiras: bolos, rocamboles, doces, "bom-bocados", balas, frangos... e assim ia organizando tudo outra vez.

A festa duraria três dias.

No primeiro comecei com febre, dores nas pernas, dizia que ia morrer ou andar.

Assim continuou o processo, o médico local fez o que deveria ser feito e nada...

Febre, dores terríveis, choro.

Chegou o grande momento: a procissão!

"Quero ir", eu gritava, chorava, como já disse, ganhei no grito!

Estava no colo de Auxiliadora, a missão era dela, ali, ela tornou-se "auxiliar" no grande momento da Intervenção Divina, do sopro do Espírito Santo:

Gritei tão forte, assustei...

Desci e andei...

Fui andando à procissão!

E os milagres continuaram nas novas vidas que iam surgindo, nasceram mais cinco irmãs, somando nove filhos, oito se casaram e deram a ela 17 netos que, por sua vez deram 11 bisnetos, por enquanto, cada um com seu jeito, mas todos inteiramente ligados a ela.

"Milagres acontecem todos os dias, não apenas em localidades distantes ou sagradas, mas aqui mesmo, em nossas vidas.

Nos rodeiam de oportunidades e desaparecem...

São as estrelas cadentes da vida cotidiana, estas estrelas são tão pouco frequentes que nos parecem mágicas, mas a verdade é que operam no céu de forma constante." (Deepak Chopra)

O canal para que estas realizações acontecessem só pode ser construído pela força de minha mãe, "nossa estrela", modelo de inspiração, a mãe que soube conduzir seus nove filhos, três irmãos que assumiram "a paternidade" quando meu pai faleceu. Penso em meu pai como a fragilidade humana diante da fortaleza de Deus!

Sinto seu olhar vigilante, forte, amigo... ao passar por ele em uma foto e em seu colo em sonhos!

Penso em meu pai como acerto que triunfou sobre o erro, como triunfo da vida, uma noite chuvosa, neblina, frio no corpo e na alma:

A morte!

A fé, a entrega, a coragem para enfrentar o inevitável.

Minha mãe de joelhos...

Minha mãe firme, lágrimas que fortaleceram a união dos filhos e jun-

SUPERAÇÃO

tos sentimos como na oração de Santo Agostinho:

"A morte não é nada. Apenas passei ao outro mundo.
Eu sou eu. Tu és tu.
O que fomos um para o outro ainda o somos."

A presença continua numa ausência sentida com saudades, presente na história deixada, nos ensinamentos, nas pegadas que seguimos!

E na cidade a rua Alaíde Rodrigues Chagas...

Minha mãe, agora também pai, fé, fortaleza!

As filhas, comigo, seis, irmãs companheiras, "divas" em nossas vidas, hoje moramos nós duas, curtimos família, netos, bisnetos, uma festa e em tudo somos ligadas com a eterna força materna:

Mãe,

Modelo de mulher, de oração, de vida, força e dedicação.

Esteio para os filhos.

Sua presença é lição, faz bem, acalma, dá paz e torna-nos portadores de bênçãos, às vezes parece ter "comunicação direta com Deus" com a pureza de seu coração!

Com sua sabedoria ensina que o amor e o perdão são sentimentos que só enobrecem.

Ela é presença em cada amanhecer:

É apoio que aprofunda a confiança, muda pensamentos.

Coragem e fé que conduzem para mais perto de Deus.

A companhia dela é tudo, compartilha alegrias, dores, é um privilégio tê-la, valorizando, corrigindo e, principalmente, amando com serenidade e fortaleza.

Hoje, 90 anos de pura alegria e muita fé!

Parabenizamos a senhora, Mãe, com o carinho dos filhos e a atenção e profissionalismo da Editora Leader, pela qual tenho profundo respeito e gratidão!

Que o manto sagrado de Maria a envolva sempre para que continue sendo abrigo seguro!

Obrigada, Pai, por esse mimo em nossas vidas...

Seus filhos:
Jane, Janildon, Goret, Edilson, Walter, Sara, Miriam, Janice e Selma.

Fernanda Gonçalves de Lima Andrade

Nasceu no dia 24/12/1981, na cidade de Franca-SP. Trabalha na administração da empresa Mega Festa A Casa do Vinho. Cursa Administração de Empresas pela Cruzeiro do Sul Educacional (Unifran), estudou Teologia pela CNBB Sul I Diocese de Franca, e cursou planejamento financeiro pelo SEBRAE. É membro do centro de voluntários da saúde de Franca, membro ativo na comunidade católica em Franca, casada e mãe de quatro filhos.

ferlimaandrade@hotmail.com

SUPERAÇÃO

O AMOR COMO FONTE DE SUPERAÇÃO E EMPREENDEDORISMO

Dedico este livro primeiramente a Deus, fonte de Amor maior e infinito, aos meus pais, Adilson e Isilda, a meu irmão, Junio Cesar, aos meus filhos, Bruno Henrique, Paloma, Paola e Daniel e a meu esposo, Elvio, e por fim a meus amigos e familiares que juntos formam meu significado de amor verdadeiro, e que sempre estiveram ao meu lado em todos os desafios de minha vida, me motivando e me fazendo enxergar além das dificuldades.

Ter sucesso no trabalho e na vida é o sonho da maioria das pessoas que conheço, não foi diferente comigo, neste livro apresento a trajetória da minha vida, minhas conquistas e minhas perdas, meu trabalho e pelo que passamos até conseguir certa estabilidade nesse negócio, que para meu esposo e eu era totalmente novidade e um desafio. Conto também como foi superar uma gravidez na adolescência e ter todos os sonhos e projetos adiados em nome do amor à vida.

Meu nome é Fernanda, sou casada com Elvio, meu companheiro de trabalho, e temos quatro filhos: Bruno, Paloma, Paola e Daniel, meus tesouros. Trabalhamos com artigos de locação para festa e venda de bebidas em geral, moramos em Franca, interior do estado de São Paulo, e nosso comércio se chama Mega Festa A Casa do Vinho, uma pequena empresa, mas que vem ganhando espaço e se tornando referência na nossa comunidade, o que nos mostra que para vencer na vida basta que consigamos vencer nossos próprios limites e ir além. Boa leitura.

O ACASO

Parece coisa de cinema (do qual sou muito fã) a forma que conheci quem viria a ser meu esposo e companheiro de trabalho.

Foi numa viagem de fim de ano que nos vimos pela primeira vez, estávamos na mesma excursão que iria passar o *réveillon* na cidade de Santos (SP), na verdade nem vi que ele estava no mesmo ônibus que eu, fui notá-lo já em Santos, quando ele mexeu comigo devido à camiseta que eu usava, que coincidentemente era do mesmo time de futebol para o qual ele torcia. Sim, eu gosto de futebol, e a camisa era do São Paulo. Coisa de cinema porque, vivendo meu conto de fadas, foi com os fogos de artifício da virada do ano que o primeiro beijo aconteceu (beijo roubado) ao desejar feliz ano novo, e ali começava nossa história.

MEU TRABALHO E MINHA FÉ

Organizando mais um dia de trabalho, estava eu no meu escritório, separando contas a pagar, consultando saldo no banco, cadastrando cheques, quando ouvi passos apressados se aproximando, era Elvio, meu esposo, que chegou dizendo: "Meu bem! Este ano completamos dez anos de Mega Festa A Casa do Vinho, vai pensando em alguma coisa para celebrarmos essa data". "Nossa, se passaram dez anos", eu disse, parei um pouco para pensar no que poderia ser feito, poderíamos celebrar uma missa em agradecimento e talvez um jantar reunindo a equipe de trabalho, ou será melhor um almoço? Nossa... Muita coisa passou para chegar até ali, e as lembranças foram se transformando em imagens em minha cabeça, e comecei a rever meu passado, minha vida...

Meu pai, Adilson, era cortador em uma fábrica de sapatos, e minha mãe, Isilda, era pespontadeira de calçados, e voltando um pouco na história, a minha infância passei sob os cuidados das minhas avós Orlanda e Iracema, com quem tive o privilégio de conviver por muitos anos, e com a alegria de elas morarem na mesma rua, então era da casa da vó de baixo para a vó de cima toda hora. Era assim mesmo que eu as chamava, e quando alguém perguntava aonde eu estava indo, eu respondia: "Na vó de baixo ou na vó de cima", e todos aprenderam a usar a referência comigo.

SUPERAÇÃO

Minhas avós se revezavam na tarefa de me olhar e levar para a escola, hoje o trabalho recordou-me esse tempo.

Na loja que construímos, trabalhamos com aluguel de artigos para festa e venda de bebidas, geralmente o mesmo caminhão que faz as entregas dos equipamentos faz a recolha no dia combinado, a não ser que outro caminhão tenha de ir próximo do local, sendo assim ele já pega o que está desocupado, para poupar deslocamento desnecessário de dois veículos em um só lugar. Mas aconteceu o inverso, os motoristas deixaram de recolher os equipamentos no dia combinado, porque um achou que o outro faria, faltou comunicação, voltando a recordação... Eu fui esquecida na escola (mas não fui a única a passar por isso), uma vó achou que a outra ia me buscar, e fiquei lá na calçada esperando alguém aparecer, e morrendo de medo de ir embora sozinha, pois a vó de cima falava que eu tinha de esperar por ela, eu tinha seis anos de idade, e decidi obedecer e fiquei esperando. Dois garotos do outro lado da rua ficaram rindo de mim dizendo: "Ninguém vai te buscar, hahaha..." Uma senhora muito bondosa ficou comigo até sentirem a minha falta, e meu padrinho foi me procurar.

Voltando às minhas avós, nunca mais me esqueceram, foram elas que me deram exemplos de devoção e fé desde pequena, muitas vezes as acompanhava em terços e procissões. Vó Orlanda e vó Iracema foram exemplos de humildade e simplicidade, e sempre que eu ficava por lá nos fim de semana ia com elas na missa no domingo de manhã, na pequena capela hoje Paróquia de Santa Mônica, que fica na parte alta do bairro onde morávamos, e tem uma vista linda da nossa cidade.

Em outra ocasião tive a alegria de viajar para Aparecida do Norte com elas, e todas as vezes que retornamos lá, na Basílica de Nossa Senhora Aparecida, as saudosas lembranças me vêm à memória. Elas tiveram a alegria de me ver anos mais tarde como ministra extraordinária da sagrada comunhão, e pude levar comunhão e alimentar a fé da vó Iracema antes de sua morte.

Meu avô José Antônio, mais conhecido como Senhor Nenê, era o esposo da vó Orlanda, um poço de paciência com os netos e as crianças da vizinhança. O vô Irineu da vó Iracema tinha um pomar em casa, e era uma fartura quando as frutas e verduras estavam na época de serem colhidas. Brincávamos na rua, de pega-pega, pique-esconde, cordas e carrinho de rolimã. Foi uma infância feliz.

Boas lembranças trago desse tempo, mas momentos difíceis também, meus pais trabalhavam para construir sua casa própria, então não sobrava muito dinheiro, não tínhamos carro nem brinquedos da moda. Mas isso nunca foi problema para quem inventava brincadeiras até com os cabos de vassouras que tinha em casa. Nossa casa foi construída no sistema de mutirão nos sábados e nos dias de folga, todos ajudavam: tios, vizinhos e amigos mais próximos. Mudamos quando eu tinha oito anos e logo meu irmão nasceu, Junio Cesar é o nome dele.

Com a mudança nossa vida também mudou, meus pais deixaram de trabalhar na fábrica e passaram a pespontar em casa, era o que se conhecia como banca de pesponto, meu pai buscava na fábrica os cortes de sapatos a serem costurados, e na banca continha: máquina para costura, equipamentos para colar as peças, e máquina para furar os sapatos e passar os cadarços, produzíamos os sapatos e os mandávamos para a fábrica no ponto de pôr as solas. Era lá que eu ajudava meus pais depois da escola, estudava de manhã, chegava em casa, almoçava, lavava a louça e depois ia para a banca ajudar meus pais.

Procurei logo me engajar na igreja que era pertinho de casa, Paróquia São Vicente de Paulo, ali fiz primeira comunhão, crisma, me casei e batizei meus filhos. Tinha o hábito também na adolescência de escrever poemas e meu caderninho era o companheiro de todas as noites.

O INÍCIO DA VIDA A DOIS

Quando eu descobri que estava grávida tinha 15 anos e o Elvio 19. Ele também trabalhava como pespontador, em uma banca como a que tínhamos em casa com sua irmã. Eu iria para o primeiro ano do segundo grau, sonhava em fazer faculdade, ter um bom emprego... O medo tomou conta de mim, não era fácil dar uma notícia dessas para meus pais, nunca tive um diálogo aberto com eles, a criação deles foi bem conservadora e foram também assim comigo e com meu irmão, para eles eu tinha que casar e

SUPERAÇÃO

pronto. O Elvio me deu muita força, e a família dele muito amor, tivemos muita ajuda para iniciar nossa vida a dois.

Minhas amigas da escola fizeram um chá de cozinha surpresa para mim, guardo isso com muito amor e gratidão em meu coração.

E no dia 26 de julho (dia dos avós) nos casamos, numa cerimônia no civil e com uma recepção que reuniu mais de 500 pessoas, eu fiquei muito feliz com a demonstração de carinho dos parentes e amigos e isso me ajudou a enfrentar o preconceito de muitos. Afinal, não era bem visto uma moça casar grávida, sofri humilhações de todo tipo, era julgada e aquilo me fazia mal, saí da escola e da igreja, me tornei uma pessoa depressiva e submissa, tinha certo pânico ao pensar em me comunicar com alguém, fiquei tempos sem fazer uma ligação por telefone, era como se estivesse sendo invasiva, e um medo de não ser atendida, de ser rejeitada tomava conta de mim. Rezei muito pra superar tudo isso e consegui, sei que decepcionei muita gente que amo, principalmente meus pais, mas amei meu bebê desde que soube que ele estava lá, e naquele momento eu só pedia a Deus para me dar forças e saúde para meu bebezinho.

Fomos morar na casinha em que morei na minha infância, que ficava nos fundos da casa da vó Iracema. O vô Irineu havia falecido anos antes, e ali começamos a trabalhar juntos. Nossa casa tinha um quarto, uma sala (que se tornou nosso local de trabalho, nossa banca de pesponto), um banheiro e a cozinha. O Elvio tinha a máquina de pespontar e compramos outra máquina de fazer zigue-zague, essa unia duas peças de sapato sem sobrepor uma a outra. Compramos também um compressor e revolverzinhos de passar cola e ali começamos a trabalhar.

Trabalhamos muito para construir nossa casa nos fundos da casa dos meus pais, mas o que sonhávamos mesmo era ter nossa própria casa, porém naquele momento era o que se podia fazer, deixamos de fazer passeios e viagens e não tinha fins de semana e nem feriado, tendo serviço estávamos trabalhando, menos nos dias Santos, esses passávamos na igreja. No dia 10 de novembro de 1997, o Bruno nasceu, foi incrível a sensação que tive ao segurá-lo pela primeira vez, só queria protegê-lo, dar carinho, o bebê que amei desde que soube que estava dentro de mim agora o via em meus braços e como era lindo. Quando tive alta já fui para a casa nova, e tive ajuda da minha mãe, tias e madrinha nas primeiras semanas, e logo voltei a trabalhar.

Elvio fez a crisma e primeira comunhão depois de casado, e começou a frequentar a igreja comigo, era meu desejo receber Jesus eucarístico novamente, e quando completou um ano do nosso casamento no civil nos casamos na igreja em uma cerimônia simples e com os familiares e amigos por testemunha, meu filhinho Bruno entrou comigo na igreja, ele estava com seis meses de idade, e voltei depois a dar catequese, voltei também para a escola que tinha abandonado e concluí o ensino médio.

LAR DOCE LAR

Tínhamos como meta possuir nossa casa própria, mas as coisas não estavam fáceis no trabalho e trocamos de serviço, este que começou bem e tinha uma boa produção no início nos permitiu contratar duas coladeiras de peças e eu ficava no pesponto junto com meu esposo, já que o aumento da produção nos permitiu comprar mais duas máquinas. Estávamos animados e compramos nosso primeiro carro, um fusquinha azul ano 74, foi uma conquista muito grande para nós naquela época, mas ainda não tinha como naquele momento guardar dinheiro para comprar ou construir nossa casa própria, então fizemos um consórcio de moto, e pagávamos pouquinho por mês e assim em longo prazo teríamos um bem. Foi a forma que encontramos de guardar dinheiro, e que viria a ser muito útil no futuro, mas logo a produção sofreu uma queda e tivemos que dispensar funcionários e vender duas das máquinas. Eram tempos difíceis.

As máquinas que vendemos foram pagas com cheques roubados, e nunca mais tivemos notícias da pessoa que as levou, eu só pedia a Deus misericórdia para que Ele me ajudasse a ser uma boa mãe mesmo nas dificuldades, nos restava a fé. Continuamos com a banca de pesponto com uma produção menor e também partimos para a área empreendedora fabricando bolsas, mas não deu muito certo, foi então que descobri que estava grávida, agora para nossa surpresa de gêmeas. Tinham se passado três anos do nascimento do Bruno, foi uma alegria e depois uma preocupação, pois eu pensava: como vamos ter mais duas crianças com um quarto só em casa? Temos que comprar uma casa. E lembra-se do consórcio? Então, com ele e a venda do carro demos entrada nos direitos de uma casa no Jardim Luiza, bairro próximo ao que morávamos, e assim preparamos tudo para a chegada dos bebês, que nasceram no dia 8 de março de 2001, data em que se comemora o Dia Internacional das Mulheres, que foi lembrado pelo médico na hora do parto que seria o último do seu plantão, ele traria ao mundo duas menininhas, que chamamos de Paloma e Paola. Um mês depois do nascimento delas nos mudamos para nossa tão sonhada casa. Nossa casa tinha dois quartos, sala, cozinha e um banheiro, era pequena mas com bastante área para ampliar, e foi o que fizemos ao longo do tempo.

Eu trabalhava na banca de pesponto e tinha ajuda de uma coladeira e uma babá para olhar as crianças e o Elvio foi trabalhar fora como vendedor de solas para calçados com o irmão dele. Continuamos com nosso método de guardar dinheiro, outro consórcio, e fomos trabalhando até que a fábrica aonde eu pegava serviço diminuiu a produção, e fiquei desempregada, estava grávida de seis meses da minha terceira gestação, e não consegui arrumar outro serviço. Dois meses depois o Daniel nasceu, foi no dia 1º de junho de 2007, depois de preparar a serragem que todos os anos usávamos para fabricar os tapetes em volta da praça na festa de Corpus Christi minha bolsa rompeu, foi um susto, pois esperávamos sua vinda só no fim do mês, mas ele estava prontinho e não teve complicação alguma.

A OPORTUNIDADE E REALIZAÇÃO PESSOAL

Endividados, só um trabalhando em casa não dava para nosso sustento, corremos o risco de perder a casa se não fossem quitadas as prestações em atraso, então vendemos todas as máquinas da banca de pesponto, pagamos nossas dívidas, e compramos mesas e cadeiras para alugar com o dinheiro que sobrou, usamos o consórcio para comprar um carro usado e fazer as entregas, e fizemos outro consórcio mais tarde, no qual tivemos a sorte de ser contemplado na terceira prestação, e então tínhamos nosso primeiro carro zero. Começamos nosso comércio, com 50 jogos de mesas e cadeiras de metal e nossa fé em dias melhores.

A ideia de mudar de ramo no trabalho veio da necessidade que tivemos de alugar cadeiras, e não conseguimos encontrar em lugar nenhum.

O Elvio continuou trabalhando fora por mais algum tempo, até conseguirmos nos sustentar só com a loja e depois passou a trabalhar comigo. Construímos um ponto comercial numa avenida movimentada onde meus sogros moravam, e meus pais entraram em sociedade conosco comprando mais mesas, como fomos vendo a necessidade de pôr mais itens, e transformar o serviço de aluguel também em comércio de bebidas, meus pais não quiseram, e resolveram vender sua parte para nós na sociedade. E assim fomos atrás de um vinho, que sempre que meus cunhados viajavam nos traziam de presente, e aquilo que tínhamos o prazer de saborear se tornou um dos itens mais vendidos na loja. Passamos a trabalhar também com as principais distribuidoras de bebidas do Brasil, e empresas de *buffet* e indústrias começaram a nos procurar, se tornando clientes fiéis.

Graças a Deus e nossos esforços para ampliar nosso mercado de trabalho, aumentamos o número e modelos de mesas e cadeiras para alugar, e acrescentamos outros itens usados em festas e eventos como barracas, caixas térmicas etc., compramos também a casa, que foi desmanchada para ampliar nossa loja e caminhões e carros de entrega, e pude alcançar meu objetivo de cursar uma faculdade que muito me ajudou a desempenhar a função de administrar o nosso próprio negócio. Posso dizer que em minha lista de objetivos a serem alcançados restam poucos itens.

Ouvi uma vez que toda crise gera oportunidade, passamos por muitas, e até hoje encontramos algumas dificuldades no mercado, mas certos de que de braços cruzados não se constrói nada, vamos à luta, enxergando o que a vida tem a nos oferecer e aproveitando com sabedoria cada oportunidade dada por ela.

Há quem diga que tive sorte, mas foram muitas lutas mesmo. Aprendi que o passado não volta mais, então me restava aprender com ele. No presente, paciência e muito amor vêm dando certo para termos sucesso, no trabalho e na vida somos capazes de realizar ou alcançar aquilo que quisermos, os desafios nos ajudam a nos conhecer, saber nossos limites, ser melhores a cada dia, sem medo.

E, depois de todas essas lembranças, temos sim muitos motivos para comemorar, vamos fazer uma festa, uma Mega Festa...

Hermes Falleiros

Graduação em Medicina pela Faculdade de Medicina de Santo Amaro em 1975. Residência em Pediatria no Hospital Infantil "Menino Jesus", São Paulo. Pós-graduação em Homeopatia no Instituto Homeopático "François Lamasson" em Ribeirão Preto. Contos publicados e premiados pela Sociedade "Amigos das Letras". Poesias publicadas e premiadas nos livros "Poesias Encantadas". Docente no Instituto Homeopático "François Lamasson". Alimentos da alma: música e viagens.

hermesfalleiros@gmail.com
http://hermesfalleiros.blogspot.com.br/

SUPERAÇÃO
MÃOS PARA QUÊ?

Naquela manhã, meu paciente Paulo Spirlandeli chegou à consulta deprimido, com um semblante triste, e quando lhe perguntei a razão ele me contou que seu irmão de 17 anos havia perdido as duas mãos em um acidente de trabalho, tinha recebido alta naquele dia e a família não sabia como fazer, já que não haviam recebido nenhuma orientação no hospital.

Minha especialidade é Homeopatia, e trabalho muito com o emocional das pessoas, procurando ver o paciente como um ser completo, e não segmentado em sistemas e órgãos, e cada consulta implica um trabalho completo, que visa o equilíbrio físico, emocional e psicológico, e quando necessário, a adequação social do indivíduo.

Senti-me tocado pela ansiedade do meu paciente e lhe pedi que trouxesse o irmão até mim, para que pudéssemos conversar.

Na minha formação profissional, eu nunca havia tratado de um caso assim, e resolvi conversar com o rapaz primeiro, antes de traçar uma estratégia que pudesse ajudar-lhe. Mesmo porque não sou psicólogo, apesar de em minha formação ter tido um direcionamento nesse sentido, tanto na faculdade quanto no curso de pós-graduação em Homeopatia.

Marquei uma hora e o Paulo trouxe o seu irmão, que se chama Altênio Spirlandeli Júnior, sendo chamado de Júnior por todos.

Contrariando minhas expectativas, chegou ao consultório um rapaz loiro, de lindos olhos azuis, e... sorridente!

O irmão o acompanhou nesse primeiro encontro, mas depois o deixou sozinho comigo.

Ele ainda trazia as bandagens nas extremidades dos braços. Sentou-se na minha frente e começamos a conversar.

Primeiro, perguntei-lhe sobre sua vida, seus estudos, se tinha namorada, quais eram as suas atividades de lazer.

Ele estava cursando o colegial, não tinha namorada, e gostava de jogar bola, andar de bicicleta.

Depois, perguntei-lhe sobre o acidente, uma prensa havia se fechado sobre suas mãos, decepando-as logo acima dos pulsos.

Nossa primeira sessão foi assim, mais de conhecimento mútuo, e propus-lhe vir uma vez por semana ao consultório, para que pudéssemos conversar, e eu poderia orientar-lhe no que fosse possível, e ele poderia fazer-me as perguntas que quisesse.

Naturalmente, eu nunca havia atendido um caso assim antes, e não sendo psicólogo, nem fisioterapeuta, nem terapeuta ocupacional, não tinha embasamento nem conhecimento para orientar um paciente naquelas condições. Fui então pesquisar em livros e na *internet* artigos sobre reabilitação de pessoas nas condições do Júnior. Lembrei-me de uma irmã da madrasta do meu pai que havia nascido sem as duas mãos, e com quem eu havia convivido durante toda a minha infância e adolescência. Veio-me à memória como ela era independente, como ela comia e fazia tudo utilizando os dois cotos. Ela fazia inclusive um tipo de bordado chamado "ponto paris". Lembrei-me de como ela cumprimentava as pessoas, e assim tive a primeira referência de como poderia auxiliar o meu paciente.

E comecei a ler tudo o que podia sobre próteses de membros superiores, próteses estéticas, funcionais, mioelétricas, biônicas e até ganchos...

Quando Júnior voltou ao consultório eu já tinha alguma coisa a dizer a ele, e começamos assim o nosso trabalho.

Houve conversas duras, em que eu lhe disse que ele jamais iria ter as suas mãos de volta, e então ele teria que aprender a viver sem elas. Quando eu lhe disse isso, ele estava empolgado com a esperança de ter superpróteses, que iriam substituir as suas mãos, e fazer tudo o que elas faziam.

— Sinto decepcioná-lo, Júnior, mas não vai ser bem assim. Essas próteses são de difícil adaptação, um trambolho para colocar e tirar, e acabam sendo menos estéticas que os seus cotos.

Mas ele estava empolgado, e acabou fazendo uma ação entre amigos para angariar o dinheiro para comprar próteses de última geração.

SUPERAÇÃO

E continuamos com as nossas sessões. A cada dia, eu imaginava uma ação que iria tentar ensinar-lhe como fazer. A primeira coisa que achei importante que ele aprendesse foi comer sozinho. Ensinei-lhe a pegar o garfo e a colher, o copo.

Depois, orientei sobre algumas mudanças que deveriam ser feitas em sua casa para proporcionar-lhe maior independência, como adaptações em torneiras, e nas próprias roupas, com a substituição de zíperes por *velcro*, calçados que não precisassem de cadarço, camisetas ao invés de camisas com botões. Mas sempre dizendo a ele que com o tempo ele conseguiria até amarrar os cadarços de um tênis normal...

Um dia, chamei a sua mãe e lhe pedi que não desse mais banho nele. Inventamos buchinhas que ele colocaria em torno dos cotos com elástico e assim poderia ensaboar-se sozinho.

E assim, dia após dia, ele aprendia a viver em sua nova condição. E sempre com um ar feliz e determinado. Ele chegava às sessões e me contava as vitórias obtidas durante a semana.

Tive que abordar com ele a interação com as outras pessoas, dizendo-lhe que a sua condição iria chamar a atenção sempre que entrasse em algum lugar, e ele teria que enfrentar os olhares e as perguntas indiscretas. Disse que ele tinha duas opções: ou iria viver naturalmente com isso, ou iria esconder-se, enfiando os cotos nos bolsos, fugindo das pessoas. Ele tirou tudo isso de letra: continuou o mesmo menino extrovertido que sempre fora, e todas as vezes que ia ao meu consultório sentava-se na sala de espera, conversava alegremente com as pessoas e não se constrangia quando alguma criança lhe perguntava de suas mãos.

Um dia chegaram as tão esperadas próteses... Ele fez todos os procedimentos de adaptação, mas chegou à conclusão que eu lhe havia dito antes: ele já era capaz de fazer praticamente tudo sem elas. Logo, abandonou-as, não as usando mais nem para fins estéticos.

Nossas sessões estavam chegando ao fim. Ele estava perfeitamente adaptado, vivendo uma vida normal. Tinha uma namorada, e estava pensando em fazer uma faculdade. Um dia disse-me que havia comprado um cachorro, um *boxer*, do qual estava cuidando.

Pouco tempo depois de terminadas as nossas sessões, chegou um dia eufórico ao consultório, segurando a chave de um carro entre os cotos:

– Comprei!

Havia tirado a carteira de motorista e estava dirigindo um carro adaptado!

Desde a sua reabilitação, Júnior nunca parou de trabalhar, e hoje está atuando na área de comunicação visual em uma rede de supermercados. Em 2012, casou-se com uma linda moça, chamada Gisele Montagnini, e tem três filhas. Pratica corrida e anda frequentemente de bicicleta.

Este texto foi escrito com a autorização de Altênio Spirlandeli Júnior.

Joesle Ramer

Massoterapeuta, terapeuta corporal, treinador pessoal e *coach*. Formação: Coach e Mentor, Life Coach, Executive Coach, Líder Coach, Coach de Vendas, Coach de Alta Performance, Analista Comportamental, palestrante.

(16) 99280-5337 (WhatsApp)
joesle.ramer@gmail.com
www.joesleramer.com.br

SUPERAÇÃO
LIÇÕES DE SUPERAÇÃO

Agradeço à Deus, à Editora Leader e à artista plástica, escritora e amiga Maria Goret Chagas.

Dedico este capítulo à minha família.

Eu sou Joesle Ramer, nasci em Franca/SP, tenho 37 anos, sou casado com Suellen Figueiredo, esposa maravilhosa, e pai de um garotinho muito esperto chamado Gabriel, presente de Deus. Posso dizer que tenho uma família abençoada, sou muito bem-sucedido em todas as áreas da minha vida e sou muito grato a Deus por isso!

Eu sempre acreditei que é possível fazer a diferença na vida das pessoas.

Sempre acreditei que o ser humano é muito maior e mais capaz do que ele acredita que é, e que cada pessoa tem dentro de si uma "Força Extraordinária", capaz de transformar o mundo, a começar por ela mesma.

Foi por isso que há mais de 23 anos eu comecei a atuar como "Agente de Mudanças", ajudando pessoas a superarem suas limitações e realizarem coisas que antes acreditavam serem impossíveis.

Acredito que quando se ajuda alguém a extrair de dentro de si o seu melhor se está fazendo a diferença não somente na vida desta pessoa mas ajudando a transformar o mundo num lugar melhor de se viver, de se trabalhar, de se estar...

E só a possibilidade de poder participar desta transformação já faz com que o meu coração vibre de alegria.

É isso que me traz satisfação!

Faz com que eu me sinta vivo e permaneça apaixonado pelo que eu faço!

Hoje me considero um Especialista em Ajudar e Desenvolver Pessoas, Promovendo Saúde, Bem-Estar e Transformando Vidas.

Quero dividir com você algumas lições de superação que me levaram a ser bem-sucedido durante minha jornada.

Embasado no Triângulo de Freytag, "um esquema desenvolvido pelo alemão Gustav Freitag para escrever textos dramáticos", argumentado no capítulo: Construa autoridade, p. 89, do livro da Editora Leader, autora Andréia Roma, "Sou Coach! E agora?", dou início, assim, à exposição de minha história aplicada em algumas diretrizes:

FUJA DA ZONA DE CONFORTO

Se você quer mudar sua vida, crescer, se desenvolver e superar suas limitações, fuja da zona de conforto.

A zona de conforto é como uma força gravitacional que nos puxa para baixo, para o comodismo, para um lugar onde nada acontece, onde o tempo passa e a vida não muda.

Sempre me esforcei muito para não ficar acomodado. Desde criança, sempre fui uma pessoa muito dinâmica, sempre buscando ou criando novas oportunidades para fazer algo diferente.

Lembro-me de um episódio em que fui diagnosticado com uma inflamação no "osso do calcanhar", nos dois pés. Eu tinha apenas seis anos e o médico viu como solução engessar os dois pés de uma vez. Eu teria que ficar de repouso por 30 dias, meus pais deveriam conseguir muletas e uma cadeira de rodas para que eu pudesse me locomover.

E aí?

Bom, não foi bem isso que aconteceu, tive certa dificuldade para me adaptar ao peso daquelas botas, mas tão logo me adaptei já estava brincando, andando de bicicleta, bagunçando e quebrando as botas de gesso, para o desespero de minha mãe.

TENHA OBJETIVOS CLAROS

Bem diz a frase: "Se você não sabe para onde vai, qualquer caminho serve".

Quem não sabe para onde vai, não consegue definir metas, fazer um planejamento ou simplesmente traçar um caminho.

Apenas fica vagando na vida, sem saber para onde ir ou quando vai chegar em algum lugar.

Nem sempre eu soube para onde ir, mas sei que, quando temos objetivos claros em nossa mente, podemos até errar o caminho ou dar muitas voltas, não importa, sempre chegaremos ao lugar correto.

Comigo foi assim.

Nasci numa família comum, fui o caçula de dois filhos até os 13 anos, quando nasceu meu irmão mais novo. Era uma criança alegre, gostava de brincar, ia à escola, bagunçava bastante, tive uma infância feliz e muito divertida.

Meu primeiro trabalho foi aos 14 anos, como "passador de cola" na "banca de pesponto" do meu irmão mais velho (o que era muito normal na época).

Apesar de começar a trabalhar cedo e fazer algo do qual eu não gostava, mas que acreditava ser necessário para o meu desenvolvimento, sempre tive um objetivo muito claro na minha mente, iria ser um professor de Kung Fu, uma arte marcial chinesa. E assim foi.

INVISTA NOS SEUS SONHOS

Se você realmente quiser realizar seus sonhos, superar seus limites, ou transformar sua vida para melhor, é preciso investir.

Seja energia, dinheiro, tempo, paixão ou o que for necessário. Invista!

A minha ação ascendente teve início quando comecei a investir no meu sonho, meu desejo por ser um artista marcial começou bem cedo, por volta dos oito ou dez anos, era apaixonado pelos movimentos das artes marciais chinesas, assistia a todos os filmes do gênero, voava com os personagens, brincava praticando os movimentos e acrobacias e também gastava toda minha "mesada" em revistas e livros do gênero.

Iniciei na Associação Dragões do Kung Fu aos 12 anos, me tornei instrutor aos 15 anos, comecei a dar aulas aos 16, quando larguei o trabalho de "sapateiro" e as minhas aulas se tornaram minha única fonte de renda.

ESFORCE-SE E COMPROMETA-SE COM SEUS OBJETIVOS

Nada acontece se não houver esforço e comprometimento.

Para chegar ao auge como artista e atleta marcial precisei me esforçar bastante e ser totalmente comprometido com o meu objetivo.

Eu tinha uma rotina maluca que começava às 6 horas da manhã e terminava às 21 horas, de segunda a sábado. Essa rotina incluía pedalar por toda a cidade, aulas de natação, treinos pesados de musculação, aulas de ginástica aeróbica, *step*, ginástica localizada, *jazz*, alongamento, karatê, capoeira, além dos treinos de Kung Fu e das aulas que eu ministrava.

No domingo? Eu levantava às 5h30 e treinava até o meio-dia.

Tudo isso com o objetivo de melhorar minha *performance* e potencializar meus resultados.

E deu muito certo, nesse período atingi o meu auge como artista e atleta marcial, fui Campeão Regional em Franca/SP, minha cidade, Campeão Brasileiro em Paulínia/SP e Campeão Pan-Americano em Campos/RJ.

DÊ O SEU MELHOR E VÁ ALÉM

Muitas vezes, todo seu investimento, esforço e comprometimento não serão o bastante para que alcance seus objetivos. Será necessário dar o seu melhor e ir além. Faça-o e não se arrependerá.

Lembro-me que sempre fazíamos apresentações para divulgar a arte, então criávamos números circenses de lutas combinadas, demonstração de defesas pessoais, movimentos com espadas, facões, bastões etc.

Um dos meus números preferidos era o de "quebramento" de madeira, que consistia em quebrar cabos de vassoura em determinadas partes do corpo.

Eu ficava numa posição em pé, enquanto meu mestre golpeava com um cabo de vassoura o meu braço, que ficava estendido à frente de meu corpo; com o golpe o cabo se quebrava e as pessoas à volta deliravam.

Depois o golpe era na lateral das costas, depois outro no abdômen e por fim eu chutava um que era segurado por dois instrutores a minha frente e o quebrava com a canela.

Numa determinada ocasião decidi que iria quebrar três de uma vez com a canela, geralmente eu quebrava com apenas um chute, mas nunca havia quebrado três de uma vez.

Nessa ocasião, quando dei o chute os cabos envergaram e voltaram para o lugar, não se quebrou nem uma lasca. Minha canela inchou na hora e subiu uma dor intensa, mas eu não poderia aceitar aquele resultado.

Então me concentrei e chutei novamente, agora sim com toda energia para quebrar, e nada. Os cabos envergaram e saíram algumas lascas.

Minha canela ficou parecendo meu joelho de tão inchada, e a dor era intensa, mas eu não poderia aceitar aquele resultado.

Então, mais uma vez, respirei bem fundo, me concentrei, reuni toda energia, dei um grito e chutei...

Os três cabos se partiram de uma só vez e as pessoas que assistiam vieram à loucura.

Depois eu mal podia andar, mas estava muito contente com o resultado.

APRENDA COM SEUS ERROS

Aprendi que o fracasso só existe para quem desiste.

Durante minha jornada cometi muitos erros e perdi muitas lutas, e evoluí muito com isso. Cada erro que cometi me fez aprender mais e cada luta perdida me fez ser melhor.

Aos 18 anos comprei a academia em que ministrava aulas e a levei à falência dois anos e meio depois.

Minha fase descendente... perdi tudo o que tinha investido financeiramente, mas aprendi mais do que poderia aprender em qualquer universidade.

Apesar da tensão e das dificuldades, não desanimei, fiz da pedra de tropeço o meu degrau de subida e comecei de novo.

Foi um período muito difícil, mas talvez seja o período em que mais me desenvolvi, tanto profissionalmente quanto como pessoa.

APRENDA A SE ADAPTAR

Cada desafio é uma luta diferente, e se você quiser vencê-la precisa aprender a se adaptar a ela.

Depois que vendi a academia passei um período de dois anos e meio trabalhando como guarda-noturno num *shopping* da minha cidade, enquanto me reestruturava financeiramente.

Tão logo me adaptei a essa rotina, comecei a dar aulas numa academia e me desenvolver como massoterapeuta, atendendo num salão de beleza.

Até então, eu só sabia fazer massagem para tratamento de dores e relaxamento, mas não era o que as pessoas buscavam naquele momento.

Assim, depois de muita pesquisa, sem *internet*, criei e desenvolvi o meu método de massagem estética para redução de medidas e emagrecimento.

Deu tão certo que logo minha agenda lotou e pude largar o emprego de guarda-noturno.

Superei!

PERMITA-SE MUDAR

Por mais que a Mudança seja necessária e constante, ainda assim muitas pessoas são resistentes e têm dificuldades em se deixar mudar.

Depois que comecei a treinar as artes marciais chinesas me aproximei ainda mais da cultura oriental. E buscando me aprimorar como lutador descobri as terapias chinesas.

A primeira técnica que aprendi e comecei a aplicar em mim e nos meus alunos foi o Do-in, uma técnica de digitopressura que utiliza os mesmos pontos e meridianos da acupuntura para tratamentos. Depois do Do-in vieram outras técnicas como: Massagem Ayurvédica, Shiatsu, Massagem Clássica, Reflexologia, Quick Massage, além de várias outras que desenvolvi e aprimorei.

Ministrei aulas até os 26 anos, quando decidi mudar de profissão. Após deixar as Artes Marciais me dediquei ao trabalho de Terapeuta Corporal e Treinador Pessoal.

SEJA PERSISTENTE COM SABEDORIA

Persistir com sabedoria é continuar correndo atrás dos seus objetivos sem insistir nos erros.

Depois que me adaptei à rotina de guarda-noturno, massoterapeuta, professor de ginástica e Artes Marciais decidi largar o emprego de vigilante e abri uma clínica de Massoterapia e Treinamento Personalizado que fechei um ano e meio depois, agora sem levá-la à falência.

Na clínica, eu dava atendimentos de massagem terapêutica, relaxante e estética e ainda tinha alunos de treinamento personalizado.

Como a zona de conforto nunca foi o meu forte, comecei a dar atendimentos também em outras clínicas, salões de beleza, e em domicílio. Assim, ia para a clínica somente nos horários em que tinha atendimento, e depois de um tempo percebi que manter a clínica já não era tão interessante assim, foi quando decidi fechar e ampliar meus horários para atender meus clientes onde fosse mais cômodo para eles.

Isso fez com que minha clientela se expandisse ainda mais.

POTENCIALIZE-SE

Lembre-se sempre da zona de conforto, potencialize-se para não estagnar.

Continuei trabalhando e me especializando como Massoterapeuta, Terapeuta Corporal e Treinador Pessoal.

Numa de minhas pesquisas pela *internet* conheci a metodologia do

Coaching e vi que era muito parecida com o que eu já fazia. Fiz minha primeira formação com o *coach* Bruno Juliani, CEO da Abracoaching, o que potencializou ainda mais o meu poder de gerar transformação na vida das pessoas.

Após minha primeira formação, comecei a dar palestras, montar treinamentos em grupo, potencializar os resultados dos meus clientes e muito mais.

Isso fez com que minha carreira desse um salto ainda maior, algo que eu jamais teria imaginado.

CONTINUE DESENVOLVENDO-SE E APERFEIÇOANDO-SE SEMPRE

Esteja sempre preparado, novas oportunidades podem surgir a qualquer momento!

Depois que vi o que uma formação gerou na minha vida comecei a buscar sempre por mais capacitação e isso tem me proporcionado novas oportunidades de aprendizado, desenvolvimento, aperfeiçoamento e expansão.

Hoje posso dizer que mantenho minha fase ascendente, pois consigo gerar transformação através de:

- Atendimentos personalizados
- Aulas particulares
- Conversas informais
- Apresentações
- Entrevistas
- Vídeos online
- DVDs
- Sites
- Facebook
- YouTube
- E-books
- Palestras

SUPERAÇÃO

♦ Treinamentos
♦ Cursos
♦ Workshops

Tudo isso tem-me permitido fazer a diferença na minha vida e na de um número cada vez maior de pessoas, o que torna o meu mundo melhor a cada dia.

-

Luiz Alexandre Souza Ventura

Tem 46 anos, é jornalista formado pela Universidade Santa Cecília e começou a carreira em 1996 no jornal A Tribuna (Santos/SP). Foi editor do portal Estadão, trabalhou para as rádios Globo e CBN, Editora Abril e jornal Diário do Comércio, além de agências de comunicação corporativa. Comanda atualmente o #blogVencerLimites, onde aborda especificamente o universo da pessoa com deficiência, com foco em acessibilidade, inclusão e cidadania. Ainda menino, descobriu ter a Síndrome de Charcot-Marie-Tooth, neuropatia que provoca atrofia muscular progressiva e não tem cura.

#blogVencerLimites
www.vencerlimites.com.br
blogVencerLimites@gmail.com

SUPERAÇÃO
NÃO SEI CORRER

Precisei reunir coragem antes de telefonar para o setor de Recursos Humanos da Rádio CBN, em São Paulo, e me apresentar como interessado em uma vaga na redação. Dias antes uma amiga que trabalhava no setor de *marketing* da emissora havia me avisado que a empresa estava em busca de profissionais para cumprir a Lei nº 8.213/1991, a 'Lei de Cotas', que estabelece percentual de pessoas com deficiência em empresas com mais de 100 empregados. Eu jamais aceitaria outra oferta que não estivesse dentro da minha formação. Qual o sentido de competir por uma posição sem conhecimento sobre o assunto? Mas a função era de jornalista e eu estava caçando trabalho.

Naquela época, em outubro de 2006, eu morava em Santos e trabalhava em casa, fazia *freelas* para a Editora Abril e para o jornal *Diário do Comércio*, da Associação Comercial de São Paulo. Ganhei um bom dinheiro com os *freelas*, mas os pedidos secaram e minha renda também. Sendo assim, apesar de nunca ter pensado em trabalhar com a voz, a situação não permitia muitas seleções e entrar para a equipe da CBN seria uma grande oportunidade.

Anos antes, quando pratiquei Aikido, arte marcial japonesa criada por Morihei Ueshiba (1883-1969) que usa a força do adversário para a autodefesa, o sensei Nelson Wagner, que foi casado com uma moça cega, me disse que eu poderia fazer parte da cota de pessoas com deficiência nas empresas. As artes marciais sempre foram um desafio pessoal. Além do

Aikido, pratiquei boxe, caratê, Jiu-Jitsu (só algumas aulas) e capoeira. Era difícil porque as restrições de movimentos impostas ao meu corpo pela Síndrome de Charcot-Marie-Tooth prejudicam principalmente o equilíbrio, mas aquilo me ensinava sobre minhas limitações e sobre como elas estão muito mais na mente do que nos braços e nas pernas.

Assim como muita gente, eu imaginava que trabalhar na cota para pessoas com deficiência seria possível a quem usa cadeira de rodas, é cego, tem membro amputado ou restrição muito aparente. Na verdade, por mais que você conheça profundamente as próprias limitações, afirmar categoricamente 'sou uma pessoa com deficiência' é algo difícil, principalmente se você jamais fez essa autoavaliação e nunca precisou dos recursos de acessibilidade mais conhecidos.

Ainda não convencido dessa possibilidade, procurei em Santos o escritório do Conade, o Conselho Nacional dos Direitos da Pessoa com Deficiência. Apresentei-me, expliquei porque estava lá, falei sobre minhas características físicas e perguntei se estaria correto eu tentar preencher uma vaga de trabalho reservada a pessoas com deficiência. A moça que me atendeu - não consigo lembrar seu nome, infelizmente – sorriu e disse que a minha dúvida era muito justa e bastante comum.

– Você não vai roubar a oportunidade de ninguém, se é isso que está pensando. Não é nada mais do que uma escolha como qualquer outra – disse. Eles querem alguém com a sua experiência. Então, por que não tentar?

Conversamos por mais algum tempo e, antes de ir embora, sem conseguir conter minha curiosidade, perguntei sobre a decoração da sala. Todas as mesas estavam ocupadas por computadores, pastas, papéis, canetas, calendários e outros objetos normalmente usados em escritórios. Estava claro que era um espaço de trabalho, mas onde estavam as cadeiras? Havia apenas uma, esquecida em um canto, que eu usei durante nossa conversa.

– Aqui, por acaso, todos os funcionários são cadeirantes, explicou a moça do Conade.

Na manhã do outro dia tomei coragem, ensaiei algumas palavras, peguei o telefone e disquei para o número da CBN informado por minha amiga.

SUPERAÇÃO

— RH, Márcia — atendeu uma mulher do outro lado da linha.

— Boa tarde. Meu nome é Ventura. Sou jornalista. Tudo bem? — respondi. Minhas mãos tremiam.

— Oi. Tudo bem — disse a mulher.

— Eu soube que a CBN está procurando jornalista para contratar na cota de pessoa com deficiência e eu acho que posso fazer parte dessa cota" — eu disse "acho que posso fazer parte" porque mesmo após as explicações da moça do Conade eu ainda não compreendia aquela situação completamente.

— Ah, você pode vir aqui amanhã? — perguntou Márcia. Esse pedido foi um alerta de que a empresa estava realmente precisando do funcionário.

— Posso sim. Qual o melhor horário?

— Por volta de 14 horas. Pode ser?

— Sim. Combinado. Obrigado. Até amanhã.

— Até — disse ela. E desligou.

Eu trabalhava como jornalista desde 1996, estava formado há quase dez anos, já tinha escrito muitas matérias no jornal *A Tribuna*, onde comecei a carreira — com o fundamental apoio da minha grande amiga Miriam Guedes de Azevedo —, também já havia trabalhado como assessor de imprensa em várias empresas e agências de comunicação, não era mais um foca, mas saber que iria fazer uma entrevista para trabalhar na CBN teve um sabor especial, foi uma massagem carinhosa no ego, confesso, mesmo sem a certeza de que eu seria contratado.

No dia seguinte, lá estava no horário combinado. Apresentei-me na recepção, na Rua das Palmeiras, em Santa Cecília, no centro de São Paulo. Alguns minutos depois a mesma Márcia com quem eu havia falado ao telefone apareceu e me chamou. Apertamos as mãos e fomos caminhando pelo andar térreo. Entramos em um corredor e fomos direto até uma sala à direita. Sentamos em volta de uma pequena mesa redonda e ela começou a falar.

— Me explica que deficiência você tem — pediu.

Eu relatei detalhadamente as sequelas provocadas pela Síndrome de

Charcot-Marie-Tooth, como funciona, quais áreas do corpo a neuropatia afeta, como age e a minha situação física naquele momento. Ela explicou que a vaga era específica para jornalista e que eu precisaria fazer um teste de texto e outro de voz. Escrever não seria problema após uma década de prática. Usar a voz também não era novidade porque, além das aulas de rádio na faculdade, eu havia feito, entre os anos de 1999 e 2000, curso de dublagem, ainda em Santos, ministrado pelo Sílvio Navas, dono de uma das vozes mais conhecidas na área e dublador oficial de atores como Charles Bronson, Clint Eastwood, Kirk Douglas e de personagens de desenho animado como o Papai Smurf e o MoonHa, dos Thundercats. Sílvio faleceu em 2016 e minha homenagem a ele foi uma reportagem que escrevi para o *Estadão* na qual coloquei depoimentos de pessoas próximas e pude deixar registrado, ainda que de forma subliminar, meu agradecimento.

Marcia me acompanhou até o primeiro andar, passando pelos estúdios, e entramos na redação, onde fui apresentado ao Zallo Comucci, gerente de jornalismo, que fez as mesmas perguntas sobre minhas deficiências. Conversamos um pouco e deixei claro que, apesar de atuar na profissão há dez anos, eu não tinha nenhuma experiência no radialismo, mas que estaria disposto a aprender se a empresa estivesse disposta a me ensinar. Vou resumir o restante dessa parte da história dizendo apenas que passei no teste e comecei a trabalhar uma semana depois.

Fiquei na rádio por quase cinco anos e tive várias funções, como quase todos os jornalistas que passam por lá. A maior parte do tempo integrei a equipe da madrugada por escolha própria, para aumentar o salário e poder pagar as contas. Logo no começo fui morar em São Paulo, em um apartamento de 50 metros quadrados no número 150 da Alameda Barros, também em Santa Cecília, muito perto da redação. A distância entre casa e trabalho era uma volta no quarteirão.

Minha experiência na CBN foi muito positiva em diversos aspectos, principalmente porque ninguém jamais questionou minhas capacidades por eu fazer 'parte da cota', mas um episódio nessa saga mudou minha percepção sobre o que significa verdadeiramente ser uma pessoa com deficiência e de que forma essa condição pode, ou não, interferir nas minhas metas e conquistas. Tudo, acredite, é uma questão de estímulo.

SUPERAÇÃO

Em janeiro de 2011 a região metropolitana de São Paulo foi castigada por uma sequência de dias com chuvas muito fortes, alagamentos, deslizamentos e muitas tragédias familiares. Eu e o motorista da madrugada passávamos horas percorrendo áreas alagadas. O uniforme 'de guerra' era sempre o mesmo: capa de chuva e botas de borracha do tipo galocha até o meio das canelas. Também carregava máquina fotográfica, gravador e telefone celular.

Recebemos a missão de cobrir uma história no bairro do Jaçanã, zona norte da capital paulista, onde parte da encosta de um morro havia desabado. Chegamos ao local por volta de 3 horas na madrugada e a primeira informação que obtive com os moradores foi de que eles chamaram o Corpo de Bombeiros logo após meia-noite, mas nenhuma equipe havia aparecido até aquele momento. Felizmente, o deslizamento não atingiu as casas logo abaixo, mas o cenário assustava. Uma massa gigantesca de terra e barro estava esparramada sobre o asfalto, algumas árvores muito grandes foram arrancadas e despencaram pela encosta até desabarem sobre a rua, impedindo a passagem de qualquer veículo. No alto, muitas casas simples e até barracos com canos de PVC aparentes, apontados para a encosta. Um cenário que se repete por todo o País e parece sem solução.

Imediatamente, telefonei para o setor de comunicação dos bombeiros, o atendente explicou que a noite estava repleta de ocorrências mais graves e todas as viaturas percorriam as ruas, mas sem previsão de chegada ao Jaçanã.

Comecei a entrevistar cada um dos moradores nas casas mais próximas ao morro. As histórias eram semelhantes. Todos moravam naquela rua há décadas, em imóveis construídos quando havia somente mato, eram amigos de muito tempo. Fiquei aproximadamente uma hora colhendo depoimentos até ser apresentado ao morador mais antigo. Um homem de mais de 80 anos, já aposentado, que ergueu a própria residência 'tijolo por tijolo'. Esse senhor me disse que o morro jamais teria desabado se não tivesse sido invadido, porque foram os tais 'invasores' que minaram a área com tubulações clandestinas e jogaram detritos e líquidos de todo tipo na encosta. Em frente à casa, cravado no morro, havia um pequeno galpão que pertencia a uma escola de samba, surpreendentemente intocado, não atingido pelo desabamento.

Havia um som constante naquele lugar, um chiado, algo parecido com o barulho de chuva fraca sobre um espelho d'água. Alguns galhos que rolaram morro abaixo acertaram os postes de luz e tudo estava muito escuro, com alguns trechos iluminados a partir das casas.

Cheguei perto do galpão para tentar identificar a origem daquele som, usei o telefone celular e o *flash* da máquina fotográfica para observar melhor, mas a escuridão era profunda. Voltei a me reunir com os moradores, do outro lado da rua, e percebi que um dos cachorros, preso a uma guia amarrada em um portão, ficou agitado, começou a latir e tentou fugir. A dona desamarrou a guia e ficou segurando o cão, que tentava correr.

Foi naquele momento que senti o chão tremer levemente e o barulho sem identificação tornou-se mais intenso, passou de um chiado para uma sequência de galhos partidos. As pessoas se entreolharam, uma buscando nos olhos da outra uma possível explicação, e todas viraram juntas em direção ao morro. Então, um rapaz grita.

Tá desabando! O morro tá desabando!

Eu travei, congelado de medo. Jamais havia enfrentado uma situação como aquela. Não tinha ideia do que deveria fazer, para onde fugir, se entrava em uma das casas para tentar me proteger ou se sentava e chorava até ser esmagado. Meus pés têm atrofias provocadas pela neuropatia e correr é difícil, mesmo após cirurgias corretivas em 2007 e 2008 que ampliaram muito a força e a massa muscular nas minhas panturrilhas, as 'batatas' das pernas. O movimento é bastante limitado e ainda mais travado quando uso galochas.

O barulho ficou cada vez mais alto e mais próximo, uma sequência interminável de galhos quebrados, um ressoar semelhante ao oceano em dia de tempestade ecoava, e eu ainda parado, olhando fixamente para o galpão em frente, com o foco perdido na escuridão, procurando algum movimento que indicasse a direção a seguir. Alguém pegou no meu braço e me despertou. Olhei para o lado e o senhor de 80 anos gritava.

SUPERAÇÃO

– Corre, corre!

– Correr?, pensei. Eu não consigo correr, meus pés não funcionam direito.

Não tenho certeza se cheguei a pronunciar essas palavras, mas lembro que o tremor do chão ficou muito mais forte e voltei novamente os olhos para o galpão a tempo de ver o telhado daquela estrutura afundar com o peso da terra que havia deslizado da encosta. Uma árvore enorme desabou para dentro do galpão e o som da queda, algo como uma explosão, me arrancou daquela apatia. Eu era o único ainda parado. E comecei a correr. Disparei em linha reta na direção da esquina onde havíamos deixado a viatura da rádio, percorri uma distância de pouco mais de 50 metros – que pareciam quilômetros – em segundos, usando uma força que eu jamais imaginei ter. No meio do caminho, pulei sem nenhuma dificuldade os vários galhos espalhados, alguns com mais de um metro de altura, e consegui chegar ao ponto seguro. Na verdade, após o susto, percebemos que somente o tal galpão da escola de samba foi atingido, exatamente onde eu estava. Ainda assustado, fiz um boletim ao vivo, contaminado pela emoção do momento. Fui embora logo depois. E nada de bombeiros na área.

Ainda convivo com restrições de movimento nos pés, mas quando alguém me pergunta se consigo correr, abro um sorriso e respondo "só quando um morro desaba na minha frente".

Maria Goret Chagas

Graduada em Letras, Educação Artística e Semiótica.

Atua como palestrante motivacional em empresas, escolas e eventos em geral, tem como foco a superação, resiliência e inovação.

É artista plástica e, também, escritora.

Pertence à Associação dos Pintores com a Boca e os Pés com obras premiadas e reproduzidas no Brasil e Exterior, menções honrosas, medalhas e troféus no Brasil e Exterior.

Alguns locais em que expôs e pintou: Sociedade Brasileira de Belas Artes (SBBA/RJ), Fundação de Esporte, Arte e Cultura da Cidade de Franca (FEAC), Memorial da Inclusão/SP, em Alphaville/SP, Buenos Aires, Disney/EUA, Paris, entre outros. Indicada e selecionada para expor e fazer apresentação de pintura no Carrousel du Louvre em 2016.

Convite para expor em Manhattan, NY, Galeria ARTIFACT, em 2019. Livros publicados: biográfico, de inclusão infantil e coautorias em motivação,
superação e liderança pela Editora Leader.

(16) 99262-5149 / (16) 3723-0154
goretchagas@gmail.com / www.artgoretchagas.com

SUPERAÇÃO

O VOO DA SUPERAÇÃO!

VIAGENS FANTÁSTICAS E CONQUISTAS PROFISSIONAIS!

Voando sob o olhar de Deus!

Atenção, senhores passageiros...
Assim começa a chamada para o voo.
A fila é iniciada
Todos dão lugar à fila preferencial...
Como sempre.
Lá vou eu.
Lá vamos nós, Selma Maria Chagas Dias, minha irmã, e eu.

Aeroporto, passaportes, passagens e, mais um item que carrego comigo, documentação exigida para pessoas com deficiência que acionam seus direitos de prioridade e assistência em companhias aéreas.

Abro, aqui, um parágrafo de utilidade pública, pois nem todos conhecem.

Nós, pessoas com deficiência, temos normas que devem ser respeitadas pelas companhias aéreas, inclusive desconto de 80% para o acompanhante.

Pesquisem ANAC, Passageiros com Necessidade de Assistência Especial (PNAE): http://www2.anac.gov.br/arquivos/pdf/Acessibilidade.pdf

De Franca para a França, assim começo minha jornada e nada melhor para identificar minha aventura do que as doces palavras inseridas neste texto.

GORET VAI AO LOUVRE

Por Sônia Machiavelli*

Goret conhece bem a Europa. Sei disso porque me contou. Quando viajava em excursão, tive a honra de estar com ela em alguns lugares. Um deles a Grécia.

[Abro, aqui, um espaço para dizer que a Grécia também foi palco para minha pintura.]

Ver sua desenvoltura ao subir sozinha os caminhos íngremes para a Acrópole; quase correndo em um daqueles aclives alvíssimos de Santorini; querendo chegar logo ao Oráculo de Delfos; caminhando em estrada de pedras sob 40 graus para conferir o que deveria ter sido o estádio de Olímpia no século III a.C. - tudo isso espelhava a grande alegria de viver que distingue essa pessoa especial, de sorriso meigo e eterno jeito de menina.

Aliás, não apenas eu sentia essa dádiva. O grupo aprendia todos os dias algo com Goret. Leveza, bom humor, jogo de cintura, improvisação, sensibilidade. Até a sisuda guia Nina Romano, que pretendia nos contar em 20 dias 20 séculos de civilização, arte e cultura helênicas, encantou-se com Goret, e por extensão, conosco, brasileiros. A tal ponto que no meio da viagem já nos fazia relatos sobre sua vida. Goret tem também este dom, de comunicar junto com a alegria uma confiança.

Agora ela vai (de novo) a Paris. Como já contei, é moça viajada - conhece quase toda a França, país que eu sei que ama. Um dia, me descrevendo o Mont Saint Michel, ela o fez com tal emoção e veemência que me convenceu: meses depois eu fui lá ver aquela indescritível maravilha da natureza em convívio com o engenho humano, a fé, a persistência, o labor, a arte.

Esse tipo de arte, que também traduz labor, fé, persistência e engenho, minha amiga vai mostrar aos franceses e aos milhares de turistas que visitam o Louvre, um dos três museus mais conhecidos do mundo. Naquele espaço a que chamam Carrousel exibirá seus trabalhos junto com outros 25 artistas brasileiros, no mês de outubro. Duas das telas selecionadas para a exposição já são conhecidas dentro e fora do país. Floral, acrílica, reproduzida em cartões, circula pela Suíça, Finlândia, Argentina. Íris Rosa, pintada a óleo, é cartão de aniversário comercializado também na Argentina. Ambos retratam flores, tema preferido da artista. No dia 21, Goret pintará para o público presente, com seus pés e sua boca, substitutos perfeitos para suas mãos que um acaso da genética fez atrofiadas. As obras serão doadas ao fundo social do Carrousel.

Só de pensar nesse momento glorioso, eu me emociono. Fico como ela diz estar se sentindo: "muito feliz!" Penso na sua trajetória desde a infância, no amor de seus pais, na perseverança de sua mãe, no carinho dos familiares e amigos com aquela menininha. Desafiando todos os diagnósticos e prognósticos, um dia sentiu que podia, então gritou, desceu do colo da sua cuidadora e, apesar das dores lancinantes, pôs os pés no chão e caminhou. Tinha cinco anos, nunca dera um passo, e queria acompanhar a procissão do Divino. Seu vigoroso desejo de andar completou o milagre. E desde então Goret anda por toda parte, levando sua arte, falando de amor, infundindo esperança, restaurando forças alheias. É uma mulher inspiradora, que não se deixou abater pela adversidade, e só cresce no que faz. Em constante movimento, é convidada para palestras, participa de mostras, passeia, viaja, estuda, trabalha, pinta, dança, nada, torna-se cada vez mais ativa nas redes sociais. Foram estas que ensejaram o convite de Celito Medeiros para a exposição no Louvre. Eles não se conheciam, mas pelas redes um foi atraído pela arte da outra e vice-versa. Assim foram se tecendo admiração recíproca, amizade, bem-querer. Aceito o convite, Goret comunicou o fato à Associação dos Pintores com a Boca e os Pés (com sede na Suíça), da qual faz parte. E a APBP ofereceu-se para custear o jantar de gala no dia 19, no Hotel Georges V, e o evento... um dos cinco estrelas da cidade-luz. Ali Maria Goret Chagas receberá a comenda "Homens e Mulheres de Valor". Que noite de cintilância há de ser esta!

Mas como Goret não consegue parar, antes de ir à França vai lançar mais um livro em Franca.

Sim, porque além de artista plástica é escritora. Depois de participar com textos em publicações corporativas; integrar uma Antologia de Escritores Brasileiros e outra de Autores de Língua Portuguesa; escrever duas histórias para crianças - "A estrela de uma ponta" e "Era uma vez... uma garota de olhos encantados" -, Goret esteve na praça principal de Franca lançando no último dia de agosto de 2016 "Paralímpicos, o sonho fantástico de um herói". Surfando na onda dos Jogos Paralímpicos, a narradora faz um relato emocionado sobre uma criança que perde a capacidade de andar, mas adquire outra: a de voar em seus sonhos, que chegam ao leitor em palavras e imagens encantadoras. Sobre esse assunto, Goret pode falar de cátedra. Ela é mestra na arte da Superação.

*Sônia Machiavelli trabalha na empresa GCN Comunicações; é presidente do Conselho Consultivo na empresa Jornal Comércio da Franca. Querida e atenciosa amiga.

SUPERAÇÃO

Sou Maria Goret Chagas, inicio este texto com este presente que ganhei da escritora, jornalista e grande amiga Sonia Machiavelli, sim, pinto em aquarela e acrílica com a boca e os pés, recebi em 19 de outubro de 2016, em Paris (França), a comenda internacional 'Honra às Mulheres e Homens de Valor', da 'Divine Académie Française des Arts, Lettres et Culture – Madame Diva Pavesi', alta insígnia pelos relevantes serviços prestados à sociedade. A cerimônia de outorga foi realizada no Four Seasons Hotel George V.

Fui indicada pelo presidente de honra da 'Divine Académie Française', Celito Medeiros, e pela curadora Diva Pavesi. Além da homenagem, participei de um *vernissage* especial em 'Le Carrousel du Louvre', galeria comercial que fica no subsolo do Museu do Louvre, junto com mais 24 artistas brasileiros.

Foi uma cerimônia belíssima, recebi a medalha e o certificado como embaixadora. O grande momento teve os hinos do Brasil e da França. Após o jantar, passeamos pela cidade e fizemos a foto oficial na Torre Eiffel, celebramos o momento com grande intensidade. Faço parte da Associação de Pintores com a Boca e os Pés (APBP), tenho obras premiadas e reproduzidas no Brasil e no Exterior, com diversos troféus, medalhas e menções honrosas, já publiquei livros sobre inclusão infantil, motivação, superação, liderança e também biográficos, em parceria com a Editora Leader.

A sensação é indescritível, uma emoção tão grande que chega a sufocar e explode em lágrimas de alegria. Quando cheguei com as telas e atravessei a porta acessível do Carrousel (Le Carrousel du Louvre), pude entender que seria um marco divisório na minha vida pessoal e profissional.

Além de pintar ao vivo, expus duas telas, 'Íris Rosa' e 'Floral', pintadas com a boca e os pés em acrílica e óleo sobre tela, ambas selecionadas pela Association Of Mouth And Foot Painting Artists (AMFPA) / Vereinigung der mund- und fussmalenden Künstler (VDMFK), enviadas a 75 países, reproduzidas em cartões e calendários.

No espaço 'Art Shopping' do Carrousel, uma multidão aguardava para prestigiar as diversas mostras.

O nosso estande estava inteiro decorado com obras belíssimas de vários artistas, com pinturas, fotografias, esculturas e analogias entre jóia e literatura.

Madame Diva Pavesi foi a perfeita anfitriã, fez uma abertura extremamente formal, mas com a sensibilidade de quem tem a visão global da arte.

Um dos pontos culminantes foi a chegada do nosso presidente, Serge Maudet, o representante máximo da APBP Internacional e sua valorosa equipe.

Após o evento seguimos viagem para a Suíça, onde fui conhecer a sede principal da APBP e fui recebida de forma carinhosa.

Foi um desafio?

Sim, mas com grande leveza superei, a deficiência tornou-se um fator de extrema eficiência!

2017...

Dear Maria,

Greetings from Manhattan! Recently, I was introduced to your outstanding work by one of our contributing curators. After reviewing your art online, I would like to discuss an opportunity of your possible solo exhibition at our space.

ARTIFACT.

Imaginem vocês eu expondo em Manhattan... um convite a longo prazo, mas chego lá... e o sonho continua, pois fui selecionada para a Exposição no Memorial da Inclusão em SP:

"Telas de Maria Goret Chagas: do Carrousel du Louvre para o Memorial da Inclusão"

Alegria e gratidão!

SUPERAÇÃO

Assim prossigo com minha meta de "deixar nos países por onde passo a minha marca artística".

Então, novamente, saímos de SP, eu e minha irmã Selma Maria Chagas Dias, acompanhada de seu marido, José Roberto Dias, e sua filha Gabriela Chagas Dias, para Bogotá, onde dormimos, e em seguida para Playa del Carmen, no México.

É uma pequena e charmosa cidade de praia localizada na costa da Riviera Maya, a cerca de 65 km de Cancun, cidade linda, agitada, florida, respira arte, Frida Kahlo em todos os cantos.

Meu primeiro ato de superação foi enfrentar um passeio de escuna, muito balanço, mas, também, muita ajuda da tripulação que vibrou comigo em alto mar!

A cidade, localizada no Caribe mexicano, encanta com suas tendas, restaurantes, lojas de grife, vida noturna, tudo emoldurado com um mar imensamente azul turquesa. Fizemos, no dia seguinte, um belíssimo passeio para Cozumel, uma ilha plana composta de rocha vulcânica porosa que contrasta com a cor única do mar caribenho.

Lá tive uma surpresa, logo que cheguei, um bombeiro percebeu minha dificuldade para andar naquela areia fofa, providenciou uma cadeira superconfortável e não parou aí ... logo chegou outra pessoa com deficiência e teve o mesmo atendimento, fiquei agradecida por esse gesto inclusivo.

Assim começou a visão maravilhosa do mar, tons de azul que inspiram e dão leveza à alma!

Em seguida fomos para Cancun.

Cancun é uma cidade que fica na costa do estado de Quintana Roo, em uma península que se tornou um dos centros turísticos mais importantes do México, tendo conseguido preservar suas belezas naturais e sua cultura ancestral.

Estar em Cancun é sentir-se em um paraíso, o azul, as gaivotas, a transparência e os tons indescritíveis do mar, tudo nos transporta ao criador, Deus, o grande artista da natureza.

> "...Vê melhor a gaivota que voa mais alto."
> Fernão Capello Gaivota.

Assim agucei meu olhar.

Após descansar uma semana, no hotel busquei meios para desfrutar a piscina "borda infinita", consegui um flutuador, nadei muito e dancei bastante nas aulas de zumba.

Com a mente e o corpo descansados voamos para: Desafios? Ousadia? Coragem?

Partimos então para Orlando, Flórida, para a adrenalina dos parques, e aí?

Pessoa com deficiência, sem os movimentos dos braços, na Disney?

Arrisquei em todos os brinquedos simuladores e 3D, voltei a ser criança, brincando, gritando de alegria, senti muita segurança com o apoio de meus queridos companheiros, nos simuladores e 3D sobrevoei de asa delta, andei de montanha russa, agucei minha sensibilidade na jornada do herói de Harry Potter, o meu herói inspirador. Meu livro "Paralímpicos, o sonho fantástico de um herói' foi inspirado na jornada do herói e ali estava eu, seguindo o Harry Potter voando, saindo de meus medos, superando abismos e altitudes indescritíveis.

O mesmo nos outros brinquedos, como ET, Transformers, Homem Aranha, e me encantei com os brinquedos infantis e as paradas da Disney.

Que cenários!

O cenário - que desde minha partida imaginava e pensava – vou pintar com a boca e os pés neste reino encantado!

Tive a primeira oportunidade, o Festival of the arts na Universal Studios Florida, Epcot - Walt Disney World, pintei com a boca – pintura muralística, adorei, registrei.

Agora... em frente o Castelo da Cinderela, Disney's Magic Kingdom, como agir?

Deixei a parada passar, que lindo!

SUPERAÇÃO

Ainda em êxtase, olhei ao redor, nenhum segurança... molequei... fiz arte...

Arranquei o tênis e organizei meu prático ateliê e fiz duas aquarelas que usei para presentear turistas, só ouvia "oh, my GOD" e aplausos, deixei, assim, minha marca naquele reino encantado, ganhei até lanchinho e água da turista que ganhou minha arte, os olhos dela brilharam com este mimo e o meu também, uma emoção tão grande que chega a explodir em riso e lágrima!

Marquei a Disney e assinei...

Voar, como amo voar... voamos para NY.

Mais uma vez, usei de meus direitos como pessoa com deficiência, uma lei que deve ser respeitada e conhecida por todos que necessitam, prestadores de serviço e usuários.

Encerramos, com chave de ouro, em Nova Yorque!

... e NY que me aguarde!

Ricardo Chagas Nascimento

É psicólogo, formado pelo Centro Universitário de Franca (Uni-FACEF). Pós-graduado em Terapia Cognitivo-Comportamental e trabalha como terapeuta em seu consultório.
Criador da página "Pensando Carreiras" no Facebook, desenvolve conteúdo e realiza palestras relacionadas à Orientação Profissional.

(16) 99182-2060
ricardochagasnascimento@gmail.com

SUPERAÇÃO

SÓCRATES E O MENINO

Trabalhando com a psicologia clínica, percebi que o pensamento é o principal obstáculo a ser vencido na busca da superação. Pensamentos com as palavras "sempre", "nunca" ou mesmo "não" prejudicam a interpretação da realidade. Em terapia uso o "questionamento socrático". A técnica permite que o sujeito se liberte desses pensamentos sabotadores. Ao questionar os pensamentos, é possível enxergar os problemas em ângulos diferentes. O conto a seguir ilustra como a técnica auxilia na superação dos pensamentos.

Hoje eu consigo, mas nem sempre foi assim. Fiquei anos preso em uma prisão mental. Não havia guardas: eu mesmo tranquei o cadeado e joguei a chave fora. Meus companheiros de cela eram meus próprios pensamentos, frases que eu ouvi durante a vida e me acompanharam até a idade adulta.

Eu nasci no Rio de Janeiro, no Jacarezinho. Minha pele é escura. As outras crianças me chamavam de "Dentão", porque na época meus dentes eram desproporcionalmente grandes para o tamanho da minha boca. Eu não ligava; havia apelidos piores como: tição, beiçola, jumento e meia-noite. A maioria desprezando a cor escura. Fico pensando se muitos daqueles colegas ainda levam esses apelidos consigo.

Os jogos de futebol nos campinhos de praça (campos sem grama, a gente se sujava na terra e, às vezes, na lama) eram a brincadeira número um da garotada da favela. Meu sonho sempre foi jogar como Ronaldo Nazário de Lima. Em 2002, vi Ronaldo tirar a bola do goleiro alemão, bater para dentro do gol e tornar-se campeão do mundo. Assim como eu, ele tinha a pele escura e os dentes grandes.

Era véspera de Natal. Eu tinha oito anos. Cheguei em casa e minha mãe, Maria, e meu padrasto, Hélio, estavam sentados em cadeiras de praia na porta do barraco. Os dois seguravam latões de cerveja. Quando Hélio bebia, ele fechava os olhos, expressão de prazer extremo.

– Chega aí, Dentão.

Eu ruborizei e me aproximei do Hélio, com a cabeça baixa.

– O nome dele não é Dentão – defendeu minha mãe. – Ele tem um nome tão bonito! Chama pelo nome, pô!

Hélio deu risada e me puxou, enforcando-me carinhosamente com um mata-leão, fazendo cafuné.

– Você estava jogando?

Assenti.

– Você fez gol?

Assenti de novo, mas era mentira.

– Mentiroso – disse Hélio, um pouco mais agressivo que o normal.

– Eu fiz! – insisti na mentira.

– Você quer jogar na Seleção Brasileira um dia?

Eu sorri. Era o meu sonho.

– Mas não vai não, Dentão. Você é ruim de bola, moleque. Bate falta igual moça.

Meu sorriso murchou na hora. Eu tive vontade de partir para cima do meu padrasto, mas segurei a agressividade dentro do peito. Ele me largou do mata-leão e eu corri para a rua, chateado. Fui até o Maracanã e observei o estádio do estacionamento. Comecei a chorar, mas parei. Homem não chora (era o que eu pensava na época, porque era coisa que a minha mãe costumava dizer).

Na minha cabeça, eu entrava no Maracanã com o uniforme do Flamengo. Eu driblei muitos jogadores do Vasco em meus pensamentos. Fiz muitos gols. Mas no céu, voando entre as nuvens, letras voadoras e garrafais anunciavam: "Você é ruim de bola, moleque. Bate falta igual moça".

***

SUPERAÇÃO

A cidade estava uma loucura na véspera do Natal. Parecia que ninguém tinha comprado os presentes para mais tarde. O Maracanã, entretanto, estava vazio. Resolvi me aventurar pelos corredores. Talvez eu conseguisse encontrar os vestiários. Quem sabe não esbarrava em algum jogador do Mengão?

Todas as portas encontravam-se trancadas, exceto uma. Um velho assoviava uma canção do Bezerra da Silva enquanto passava a enceradeira no assoalho. Não sabia se corria ou caminhava com as pontas dos pés para o outro lado. Decidi correr.

Passei para o outro lado em alguns segundos. O velho parou de assoviar.

– Volta aqui, moleque! – gritou sem braveza.

Eu era um menino obediente. Voltei e me aproximei do velho. Ele não era tão velho assim, mas já tinha cabelo branco. Era ainda mais escuro do que eu. Eu fechei os olhos, esperando o apertão de orelha. Em vez disso, ele me falou boa tarde.

– Boa tarde – respondi.

– Você quer ver o campo por dentro? – ele perguntou para mim. Eu assenti, envergonhado.

– Vamos.

Eu o segui. Não havia ninguém no Maracanã naquele dia. Antes de entrarmos no campo, fizemos um *tour* pelos vestiários. Eu tentei imaginar me trocando naquele cômodo, mas antes que pudesse imaginar a voz do meu padrasto Hélio ecoou novamente: "Você é ruim de bola".

– Qual é o seu nome? – perguntou o velho.

– Dentão – respondi, sem pensar.

– O seu nome de verdade – insistiu o velho.

Precisei pensar um pouco.

– Pedro.

– Pedro – o velho parou e me olhou por um instante. Você é flamenguista?

Eu sorri. Fiz que sim.

– Eu sou fluminense.

Mordi a boca.

– O senhor ainda vai me mostrar o campo?

O velho riu.

– É claro que vou. Sou sensato o bastante para deixar a rivalidade do futebol apenas para o futebol. Eu perguntei só para te falar dos atletas que passaram aqui. Zico, Zizinho, Dida, Leandro... Todos eles aqui jogaram.

O vestiário era bem comum, mas quando imaginei os ídolos do Mengão se preparando para o jogo, me emocionei. Como eu gostaria de ter visto o Zico jogar!

– Vamos para o campo?

Entramos no Maracanã. Eu nunca havia entrado ali. Nunca tive condições de pagar o ingresso. Se o Rio de Janeiro inteiro era barulho das pessoas atrasadas com as compras, ali dentro era silêncio, paz absoluta.

– Como você se chama? – perguntei para o velho.

– Sócrates – ele respondeu.

– Seu pai era corintiano?

O velho riu.

– Eu nasci muito antes do jogador do Corinthians. Sócrates é o nome de um filósofo da Grécia antiga.

– O que é um filósofo? – perguntei.

– Bem... - Sócrates pensou bem. – Acho que são pensadores. Pessoas que pensam sobre a vida, são muito inteligentes, sabe?

Fiz que sim. Sócrates era um sujeito muito bacana. Eu não queria abusar da boa vontade dele, mas...

– Posso correr no campo? Nunca corri em um campo com grama antes.

Sócrates olhou para trás e para os lados, verificando se estavam mesmo sozinhos.

SUPERAÇÃO

– Claro. Vá em frente, garoto.

Comecei a correr. Sócrates apareceu cinco minutos depois, com uma bola de futebol nas mãos. Ele jogou a bola para mim e eu a cabeceei. Gol do Dentão, disse a voz de Galvão Bueno em minha cabeça. Brinquei com a bola por uns 15 minutos, até Sócrates me chamar de volta.

Depois de muito brincar com a bola, Sócrates me chamou na arquibancada.

– Feliz Natal, menino.

– Posso te fazer uma pergunta?

– Claro – disse Sócrates.

– Você não quis me chamar de Dentão. Por quê?

– Você gosta de ser chamado de Dentão? – perguntou Sócrates.

Precisei pensar para responder a pergunta. "Dentão" era melhor que muitos apelidos, mas eu não gostava.

– Não, senhor.

– Muitas pessoas te chamam de Dentão?

Assenti.

– Até o meu padrasto.

– Às vezes nosso pensamento engana. Eu passei 60 anos acreditando que faculdade não era coisa de negro.

– Como assim? – perguntei, sem entender direito.

– Meu pai também dizia coisas. Eu sempre quis estudar, mas ele vivia dizendo: "Estudar não é coisa de negro. Vai trabalhar que você ganha mais, moleque".

– Meu padrasto também me chama de moleque.

– Está vendo? Se você acreditar que é Dentão, vai ser Dentão.

– Hoje você estuda?

– Estudo – ele revelou. Primeiro precisei terminar o ensino médio. Hoje curso o terceiro ano de Educação Física.

Tudo o que ele me falou fez muito sentido. Eu parei e comecei a pensar em tudo o que todo mundo já havia me falado.

— Meu padrasto disse que eu bato falta igual moça.

Sócrates apontou para o campo.

— Vamos, bata uma falta para eu ver.

Fui para o campo, decidido a bater na bola de forma firme e forte. Mas a bola saiu para cima do travessão.

— Você errou porque colocou muita força — gritou Sócrates da arquibancada. Tente novamente.

Eu errei mais duas vezes. Sócrates se levantou e veio conversar comigo.

— Não tenha medo das palavras do seu padrasto. Tem moça que bate falta forte, tem moça que bate falta com concentração, medindo força e velocidade. Quero que você bata medindo força e velocidade.

Eu tentei colocar a bola de jeito, mas ainda assim não consegui.

— Tente de novo — incentivou Sócrates.

Bati mais umas 20 faltas, até acertar.

— Parabéns. Tente de novo.

Errei.

— De novo.

Acertei.

— Está vendo? Você bate falta igual uma moça?

Pensei na resposta.

— Talvez. A moça pode bater falta bem e falta mal. Eu preciso treinar.

— Exatamente. E se a gente não estivesse conversando sobre isso?

— Acho que eu ficaria envergonhado e desconcentrado para bater falta pelo resto da minha vida.

— Ótimo. Agora vamos embora. Eu preciso trancar o campo. Que você tenha um feliz Natal, Pedro.

***

SUPERAÇÃO

Sinto dizer, mas me esqueci de Sócrates por algum tempo. Vinte anos se passaram. Os pensamentos ainda me enganando. Esqueci o futebol e fiquei obcecado pelo estudo e me formei em Economia. Arranjei um bom emprego e me casei. Minha esposa estava grávida. Passei o Natal e o Ano Novo acariciando a barrigona.

Voltei para o trabalho no dia 2 de janeiro. O escritório estava uma loucura. Meu chefe Walter me chamou em sua sala.

– Pedro, como foi de festas?

– Excelente, Walter – eu sorri para ele. – Minha pequena está para nascer. Como foram as suas festas?

– Boas – respondeu Walter, que começou a tossir. – Ouvi dizer que você quer um aumento.

– Eu... – Eu fiquei sem graça. Havia confidenciado que pediria aumento apenas para os amigos mais próximos.

– Você tem o seu valor aqui – disse meu chefe. – Mas não é insubstituível. Você vale exatamente o que eu te pago. Não vale um centavo a mais.

Eu abaixei a cabeça e me levantei.

– É melhor repensar se quer mesmo continuar na empresa. Pode encerrar por hoje. Amanhã você me dá sua resposta.

***

Naquela tarde, fui para Botafogo pensar. Os barquinhos brancos no mar me acalmaram. Sentei-me em uma mureta. Minha filha logo viria ao mundo. Eu necessitava de um aumento. Por outro lado, o país estava em crise. Arrumar um novo emprego seria difícil.

Voltei para o carro e as rodovias movimentadas me levaram até um lugar que há tempos não passava perto. O Maracanã estava bonito, reformado para a Copa do Mundo. Eu estacionei para procurar pelo meu velho amigo.

– O Sócrates está aí? – perguntei para o segurança.

– Ninguém com esse nome trabalha aqui – ele revelou, desconfiado.

Agradeci e voltei ao carro. Minha esposa, Renata, me esperava em casa. Sua barriga já estava bem pontuda. Ela fazia um caldo de feijão, quando de repente estourou. Água por todo o chão.

Eu peguei o carro e corri para o hospital. Meu pensamento batucava enquanto eu dirigia. No dia seguinte eu teria de decidir. "Você não é insubstituível", ecoou na minha cabeça. "Não vale um centavo a mais."

Minha filha nasceu saudável, disseram os funcionários. Enquanto eu esperava me chamarem para visitar minha esposa e filha, vi um sujeito assoviando um samba enquanto limpava o chão. De costas, vi que se tratava do meu velho amigo que me deixou entrar no Maracanã quando eu ainda era pequeno.

– Sócrates? – chamei.

O velho não respondeu. Cheguei mais perto e notei que não era ele.

– O quê? – perguntou o velho.

– Eu me confundi. Me desculpe.

Como eu gostaria de conversar com Sócrates naquele momento de aflição! Mas Sócrates provavelmente não era mais um faxineiro. Havia se formado. Ainda bem, pois aquele homem sabia fazer qualquer um pensar. Pensei o que Sócrates diria se estivesse ali. Eu provavelmente contaria a história toda e ele pensaria um bocado. Simulei um diálogo mental.

– Bom dia, Sócrates!

– Eu me lembro de você! Pedro, não é?

– Isso. Você foi muito legal aquela vez. Não só por ter me deixado jogar bola no Maracanã, mas por ter-me feito questionar minhas próprias crenças. Obrigado.

– De nada. Você ainda parece aflito.

– É só que... Minha filha nasceu. E eu preciso de um salário melhor. Meu chefe ficou sabendo que eu pediria aumento e me chamou para conversar. Ele disse que eu valho exatamente o que me paga. Que não sou insubstituível.

– O que você já fez pela empresa? – perguntou o Sócrates imaginário.

– Muito! Eu já sugeri mudanças que deram certo e com certeza geraram lucro para a empresa. Além disso, trabalho todo dia além do meu horário e não recebo por isso...

— Entendi. Bem, está aí. Você já sabe que vale mais do que trabalha.

— Mas outra pessoa ainda pode me substituir...

— Pode. Mas ela fará o mesmo trabalho que você?

— Não. Ela pode fazer melhor. Ou pior, não é mesmo?

— Melhor e pior... Parâmetros subjetivos! Você é quem você é na empresa e você dá o seu melhor. Portanto...

— Insubstituível – completei.

Sócrates sorriu, mas foi interrompido pela voz da enfermeira.

— Você é o Pedro? Vamos, venha conhecer a sua filha!

Levantei-me da cadeira feliz e decidido. Era a primeira vez que veria minha filha e eu já a amava tanto! Em minha mente, meu mais novo pensamento brotava: "Não importa o que você faça ou onde você esteja, você é único e sempre fará o seu melhor! Ninguém pode ser melhor do que você em ser você mesmo!"

Dra. Sandra Lucia Siqueira Campos

Doutora (2012) e mestre (2003) em Ciências, área: Psicologia, pela Faculdade de Filosofia Ciências e Letras de Ribeirão Preto, da USP. Psicóloga especialista em Psicologia Hospitalar. Especializada em Administração Hospitalar na Unaerp (Universidade de Ribeirão Preto). Graduada pela Faculdade Salesiana de Filosofia Ciências e Letras de Lorena, SP. Estágio no The Rogosin Institute Centers for Medical Research and Health Care – The New York Hospital. Psicóloga clínica e coordenadora do Departamento de Psicologia da Santa Casa de Franca, SP (1997-2007).

(16) 99215-7764
saborge@bol.com.br
scamposg00@gmail.com

SUPERAÇÃO

CONVIVENDO COM O ADOECIMENTO: DA TEORIA À PRÁTICA

Q uando recebi o convite para escrever este capítulo fiquei refletindo em como o faria. Entendo que não há uma forma "correta" de adoecer e, portanto, não existe uma "receita" eficaz de enfrentamento diante do adoecimento.

Portanto, não é minha intenção ditar minha experiência como o melhor caminho. Desejo apenas descrever e compartilhar a forma que encontrei de vivenciar esse período de minha vida. Esta descrição será realizada a partir do que fez sentido para mim, ou seja, não tenho a pretensão de apontar que seja a única, nem a mais completa, apenas a minha forma de compreender e descrever minha experiência vivida no adoecimento do câncer e seu tratamento.

Caso faça sentido como possibilidade de enfrentamento e contribua com pacientes, familiares e profissionais da saúde será motivo de alegria, embora não seja esse o objetivo inicial.

O IMPACTO DO DIAGNÓSTICO

Estava no auge de minha carreira, era coordenadora do Serviço de Psicologia do maior hospital da cidade e havia ingressado no doutorado da Faculdade de Filosofia, Ciências e Letras da USP - Ribeirão Preto.

Em mais um dia de trabalho, como de costume no hospital, realizava atendimentos e me preparava para ministrar uma palestra onde discorreria sobre cuidados a pacientes com câncer, para mais de cem voluntários da saúde que atuavam naquele hospital.

Eu havia realizado exames e aguardava os resultados, estava preocupada e apreensiva quando atendi uma ligação do meu médico. A suspeita foi confirmada, eu estava com um tumor no intestino.

Experimentei a angústia descrita pela literatura e tantas vezes compartilhada por meus pacientes, a confirmação do diagnóstico.

Conversei com o médico oncologista que participaria da palestra comigo e disse que iria para casa, não me sentia em condições de realizar qualquer fala naquele momento.

Esse foi um momento de grande vazio, uma infinidade de questões invadiu meu pensamento: O que está para vir? Como vou trabalhar? Será o início do fim? Diante de tantas perguntas sem respostas busquei o apoio e o aconchego de meus filhos.

Chegando em casa sentei-me na sala com eles; só de me olharem perceberam que alguma coisa não estava bem. Foi uma conversa difícil. Cada um, a seu modo, reagiu ao baque da notícia. Minha última frase foi que eu voltaria para o hospital, realizaria todo o trabalho pendente e só então me afastaria para o tratamento.

Creio que isso ocorreu pelo sentimento de que, por eles, eu não podia fraquejar e mesmo naquelas circunstâncias precisava passar, como sempre o fiz, a responsabilidade pelo trabalho e pelas pessoas que contavam comigo.

Assim fiz, realizei a palestra, confesso que não sei como consegui, finalizei e encaminhei os atendimentos em curso e concluí tudo que dependia do meu cargo de coordenadora.

A todos relatei que me afastaria para o tratamento. Sempre me incomodou, no convívio com o adoecimento, perceber a doença como um desvalor, como algo que diminui o ser humano, que o faça se sentir inferior. Entendo que esses sentimentos apenas colaboram para o isolamento e o maior sofrimento. (BORGES, 2003).

Começava então a viver minha história com o adoecimento, não apenas na teoria, pela visão da profissional, agora na prática, como paciente lutando pela vida.

O TRATAMENTO

A primeira cirurgia foi realizada. Segundo os médicos, o tumor era muito pequeno e havia sido retirado com 95% de chance de cura. A notícia foi recebida por mim e por todos com muita alegria.

No entanto, três meses depois, exames constataram que o tumor havia voltado e seria necessário fazer quimioterapia e outra cirurgia.

Recuperando-me da segunda cirurgia, ainda internada, fui informada pelo médico que o tumor havia sido novamente retirado. Contudo, estava infiltrado no cóccix e portanto eu estava com a doença crônica. Este foi um momento muito difícil, ver ir embora a chance de cura, ter que conviver com a doença e suas consequências sem a possibilidade de me livrar dela...

Realizei radioterapia, o que me causou grande sofrimento. Minha pele ficou queimada, resultando em muita dor. Juntamente com a radioterapia (RT) eu ia para sessões de quimioterapia (QT). Nessa fase emagreci aproximadamente 15 quilos, perdi os cabelos e fiquei com um aspecto horrível. Ia para a RT e a QT amparada, faltavam-me forças para andar. A QT deixava-me imprestável por aproximadamente três dias, a sensação era a de ter o corpo como uma caixa de abelhas, as mãos e pés insensíveis, a boca muito estranha, não tinha paladar e líquido frio parecia dar choque.

Eu passava os dias deitada, hora na cama, hora no sofá, não tinha vontade nem concentração para ler ou fazer qualquer outra coisa.

Ia para a QT semana sim e outra não. Na semana da químio não conseguia viver e quando os efeitos melhoravam me esforçava para fazer coisas que gostava, alimentos que me agradavam, chegava a sair, e viajar, mas, sempre com muito esforço, tentava convencer a mim e aos outros que estava bem, tentava viver o pouco de saúde que me restava e com isso buscava força e coragem para continuar lutando.

DESENGANADA: A IMINÊNCIA DA MORTE

Com a constatação de que a QT não impedia o desenvolvimento do tumor fui informada que não havia mais o que fazer e só restava fazer químio até quando o organismo aguentasse.

Decidi ir a São Paulo ouvir a opinião de um especialista. Lá, após um dolorido exame clínico fui informada de uma pequena possibilidade de me livrar do tumor, para isso teria que correr os riscos de uma cirurgia radical.

Fui informada que tal cirurgia seria muito arriscada, eu poderia não sobreviver a ela e seria tão invasiva, inclusive retirando as vértebras do cóccix, que possivelmente me deixaria definitivamente numa cadeira de rodas.

Decidi que faria a cirurgia e iniciei uma corrida contra o tempo.

Tive que negociar o valor da cirurgia com meu plano de saúde porque o procedimento só poderia ser realizado por uma equipe experiente de um hospital de referência, o que não era a realidade do hospital de minha cidade. Deparando-me com a negativa, solicitei judicialmente tal intervenção e esse foi um momento que me marcou profundamente.

De um lado o plano, tentando convencer o juiz do valor muito alto e eu falando de um valor diferente, eles falando de cifras e eu falando da minha vida...

Ao sair da sala do juiz com o sentimento de ter perdido uma batalha, vi escorrer a pequena chance de me livrar de todo o sofrimento e voltar a viver.

Desesperado, já imaginando como conseguiria o dinheiro para fazer a cirurgia particular, meu filho ligou para o médico de São Paulo e contou o resultado da audiência. Indignado com o resultado, certo da urgência e da gravidade da situação, orientou a me levarem para o Hospital de Câncer de Barretos. Segundo ele, lá teria profissionais capacitados para realizar a cirurgia e ele se prontificou a fazer o encaminhamento para ganharmos tempo.

E foi assim que conheci o Hospital de Câncer de Barretos.

A ESPERANÇA: BUSCANDO SOBREVIVER

Em Barretos uma equipe avaliou novamente meu caso e reafirmaram o parecer de São Paulo. A situação era muito grave, o risco era maior que a chance de cura, porém, embora pequena, havia uma chance e foi ela que eu, e todos que estavam comigo, fomos buscar.

A cirurgia levou mais de dez horas e quando voltei da anestesia a médica me falou: "Sandra, se você conseguir vencer o pós-cirúrgico, eu tirei todo seu tumor". Aquelas palavras soaram como uma injeção de ânimo e esperança.

Permaneci no CTI por quase 30 dias e nesse período precisei retornar ao centro cirúrgico duas vezes para resolver complicações que surgiram.

O dia em que tive alta hospitalar foi de alegria e insegurança. Deixar o hospital e adquirir confiança para prosseguir sozinha, sem a equipe de saúde, não foi fácil, foi como ganhar o oceano sem saber nadar...

Retornei ao hospital para a primeira consulta e para saber qual seria a próxima etapa do tratamento. Como estava na cadeira de rodas minha primeira pergunta foi se andaria novamente. A resposta foi que só o tempo poderia dizer, poderia ser que sim ou poderia ser que não.

Nessa consulta fui informada que não precisaria fazer quimioterapia, que a cirurgia havia sido um sucesso e o tumor extirpado por completo.

A partir daí passei a fazer meus exames a cada três meses e ainda hoje, realizando anualmente, o resultado é motivo de ansiedade e apreensão.

Precisei reaprender a andar com muito esforço e fisioterapia, a cadeira de rodas foi aos poucos trocada pelo andador e pela ajuda de pessoas queridas. Hoje faço Pilates e academia para fortalecimento da musculatura, ainda sinto muito desconforto, mas nada que me impeça de andar muito por esse mundo de meu Deus!

AS FONTES DE APOIO

Sempre me senti acolhida e apoiada pela equipe de saúde que me assistia e estou certa que isso tenha sido de extrema importância para meu percurso como paciente.

Eu, profissional da saúde, sempre acompanhando pacientes internados, não tinha como não observar a equipe que me cuidava.

Relembrar a forma com que fui tratada no hospital de Barretos me remete ao cuidado solícito, descrito por Heidegger, o autêntico cuidar, voltado para a existência do outro e não para um "o que" cuida. (CAMPOS, 2012).

Permaneci por quase 30 dias na UTI após a cirurgia. Não podia me deitar de costas para não comprimir a região do cóccix e não conseguia me virar sozinha, precisava que me virassem e depois de algum tempo, o corpo cansado da cama, desejava me virar novamente. Não me recordo de ter percebido falta de vontade, de qualquer membro da equipe, diante da minha necessidade. Eram todos envolvidos na tentativa de amenizar meu sofrimento e tudo de maneira muito profissional e carinhosa.

Recordo-me de uma passagem, quando o emocional estava abalado e cansado, bateu a dor da solidão e percebi a presença de uma profissional da limpeza que se aproximou de mim, perguntei se podia segurar sua mão e chorei... Ela, tão adequada ao me acolher, não disse nenhuma palavra, apenas estava comigo... Era tudo que eu precisava! Tudo estava doendo demais para ter que escutar algo, tudo que eu precisava naquele momento era ser acolhida.

No dia seguinte a psicóloga foi me visitar. Não tenho dúvidas da importância de toda equipe estar preparada para o cuidado e da intervenção psicológica, em diferentes momentos da internação.

Diante do sofrimento, da instabilidade e do medo, busquei o tempo todo o apoio de meus filhos, de minha família e de meus amigos. Eles foram, também, tão importantes, me ajudaram tanto que com certeza eu não teria motivos para lutar e sobreviver sem eles. Não citarei nomes para não correr o risco de deixar de mencionar alguém. Precisaria de muitos capítulos para contar os inúmeros cuidados e manifestações de carinho que recebi e que me ajudaram a atravessar esse tempo de dificuldades.

Não tenho dúvidas que foram as pessoas que me ajudaram a vencer. Certamente eu não teria sobrevivido sozinha...

Minha mãe esteve e permaneceu o tempo todo comigo, lembro com saudade de sua mão, acariciando de leve minha perna, isso aliviava minha dor e só assim eu conseguia dormir... ela passava boa parte da noite assim... Minha mãe, minha saudade!

Quando relembro o carinho, a cumplicidade, a paciência, as palavras de esperança e todo cuidado que recebi, de perto ou de longe, experimento um profundo sentimento de gratidão.

Quando digo que não sei como consegui passar por tudo estou mentindo! Estou certa que Deus me carregou e me deu forças...

Hoje, quando reencontro alguém que me visitou nos dias mais difíceis, ouço com frequência: "Pensei que você não sobreviveria, você recebeu um milagre!" Médicos e enfermeiros também verbalizaram isso.

Em muitos momentos, experimentei ser tocada por Deus. Certamente, Nossa Senhora segurou minha mão nas inúmeras vezes que entrei no centro cirúrgico e os anjos me alimentaram com luz e força.

Sempre digo que a doença me aproximou de Deus. Em muitos momentos pude sentir a Graça de Deus e a partir disso fui ressignificando meu existir.

A fé nos faz mais fortes!!

A RETOMADA DO PROJETO EXISTENCIAL

Quando adoeci estava trabalhando em minha tese de doutorado. Certo dia, no CTI, meu filho me comunicou que havia solicitado novo trancamento do meu trabalho na universidade. Disse a ele que não se preocupasse com aquilo, eu não acreditava mais que conseguiria concluir aquele projeto. Penso que, na intenção de me dar esperança, ele afirmou acreditar que eu conseguiria concluir. Calei-me, talvez para passar a ele a mensagem de que precisamos lutar e ter fé sempre.

Quando estamos vivendo uma situação de adoecimento grave, temos pressa em nos livrar daquela situação, no entanto, o processo é longo e lento. Para amenizar a ansiedade procurei, durante o tratamento, desenvolver pequenas atividades possíveis. Ingressei num grupo de artesanato onde encontrei pessoas que se tornaram amigas e me ajudaram a reconstruir um projeto de vida e sobreviver.

Dois anos depois da cirurgia defendi minha tese. Foi um trabalho árduo, ainda na cama passava dias e madrugadas estudando. A possibilidade de desenvolver e finalizar este projeto foi resultado da colaboração de muitas pessoas que estiveram comigo, de diversas maneiras, me ajudando, me apoiando e me incentivando.

Depois da conclusão do doutorado, o que seria um passo para novos investimentos, voltei a realizar cirurgias para a correção de problemas que a intervenção anterior havia causado.

A luta continua, confesso que não tem sido fácil conviver com as perdas e sequelas que a doença trouxe. Deixar o lugar de vítima e retomar meu projeto existencial é sem dúvida tarefa difícil. Às vezes, quando o humor me falta chego a pensar que todo meu empenho na vida, congressos, noites de estudo e tanta dedicação foram consumidas pela doença e me questiono... Será o câncer tão devastador que mesmo extirpado continua causando tantos danos?

Felizmente esses momentos de desânimo e pessimismo estão cada vez menos frequentes, passam e volto a ser grata, feliz e resiliente.

Tillich (1972) descreve que nosso viver é incerto, que constantes mudanças de sentidos, paradoxos e riscos permeiam nosso existir, por isso é preciso coragem para ser, coragem para viver nossa própria existência.

Concluindo, posso afirmar que toda essa história me ensinou a ver que meu bem mais precioso é o tempo. Na iminência da morte o tempo passou a ter outro sentido. Hoje procuro doar meu tempo como algo valioso e só o faço quando possibilito prazer e crescimento a mim e a meu próximo.

Hoje já não sobrevivo mais, vivo intensamente, viajo muito, desenvolvo atividades que me alegram e me considero uma pessoa feliz, muito feliz!

REFERÊNCIAS BIBLIOGRÁFICAS

BORGES, S. L. S. C. Dificuldades do adoecimento e do tratamento: sentidos produzidos com pessoas portadoras de insuficiência renal crônica em um grupo de apoio. 2003. 130 p. Dissertação (mestrado em Psicologia) – Faculdade de Filosofia Ciências e Letras de Ribeirão Preto, Universidade de São Paulo, Ribeirão Preto, 2003.

CAMPOS, S. L. S. Retorno a hemodiálise: a experiência da perda do enxerto renal por pessoas com insuficiência renal crônica. 2012. 129p. Tese (Doutorado em Psicologia) – Faculdade de Filosofia Ciências e Letras de Ribeirão Preto, Universidade de São Paulo, Ribeirão Preto, 2012.

TILLICH, I. A coragem de ser. Rio de Janeiro: Paz e Terra, 1972.

Sarita Araujo Pereira

Graduada em Educação Artística - Habilitação em Música. Especialista em Música – piano – e em Educação Especial na área de Surdez.

Atua como docente de teclado/órgão e coordenadora do projeto O SURDO: CAMINHO PARA EDUCAÇÃO MUSICAL do Conservatório Estadual de Música Cora Pavan Capparelli, de Uberlândia-MG.

É diretora geral da Banda Ab'Surdos.

Mestre do Programa de Pós-Graduação em Artes da Universidade Federal de Uberlândia (UFU), desenvolveu pesquisa sobre A utilização de tecnologia no Ensino Musical para alunos Surdos.

Pós-graduada em Docência de Libras.

http://lattes.cnpq.br/9129106457512268

SUPERAÇÃO

A MELODIA QUE ABSURDAMENTE ENCANTA!

Nasci no interior de Goiás, na cidade de Quirinópolis, no dia 28 de fevereiro de 1964. Vim de uma família simples, sendo que meu pai, Jovani, trabalhava como cerealista de máquina de arroz e a minha mãe, Magaly, com seu dote de costureira, fazia até vestido de noiva. E no ano seguinte nasceu o meu irmão caçula, Bruno.

Aos oito meses de idade, comecei a balbuciar algumas palavras. Com um ano, houve a mudança do meu comportamento, passei a ficar desatenta, retraída e nervosa, meus pais me levaram ao pediatra na cidade de Uberlândia-MG, que assim diagnosticou que o fato era normal. Inconformados com esse resultado, resolveram consultar um médico otorrinolaringologista em Uberaba e este observou a minha reação impaciente, pediu para fazer um teste de discriminação de sons e diagnosticou a minha perda de audição. Isso foi um choque para os meus pais. E agora? Como lidar com essa situação de uma criança surda? Sem recursos de cura, meus pais aos poucos foram aceitando a minha surdez, convivendo e aprendendo a adaptar a minha comunicação através da mímica, pois nesta época não se conhecia Libras.

Com três anos de idade, junto com meus pais, fui levada ao médico otorrino na capital de São Paulo, do qual foi solicitado o exame de cultura de sangue que constatou que tive uma toxoplasmose. Em seguida pediu uma audiometria que apontou a perda bilateral de moderada a severa. Com isso, por ser uma criança nervosa fui medicada para tomar um calmante, que provocava muito sono. Esse médico também aconselhou os meus pais a procurar um psicólogo, o qual orientou a minha mãe a fazer algumas atividades para me acalmar. Era para deixar eu rasgar qualquer papel em pedaços para extravasar os nervos, enquanto ela desenhava em outro papel uma imagem em forma de animal. Em seguida, ela passava a cola em cima do desenho para eu colar os papéis rasgados. Diz ela que essas atividades me trouxeram tranquilidade e mais concentração.

Aos seis anos de idade, mudamos para Uberlândia, localizada no Triângulo Mineiro, onde meus pais queriam proporcionar uma boa educação para mim e meu irmão. Com essa mudança, meu pai conseguiu um emprego como representante comercial de máquina de escrever e viajava muito para outras cidades e a minha mãe trabalhava em casa fazendo trabalhos manuais em geral para vender e ajudar nas despesas em casa. Para melhorar de vida, meu pai resolveu investir em seu estudo na Universidade Federal de Uberlândia (UFU), onde concluiu o curso de Direito. Posteriormente, montou um escritório de advocacia, e abandonou o seu emprego como viajante.

Aos sete anos, iniciei o pré-primário juntamente com o meu irmão que tinha seis anos, lembrando que nesta época se começava a estudar com sete anos e foi aberta uma exceção para ele estudar junto comigo e mediar a minha comunicação, feita em "mímica" com a professora e coleguinhas, pois a minha dicção não era boa e clara e ele sabia tudo o que eu queria expressar.

Quando completei oito anos de idade, meus pais investiram na compra do aparelho auditivo transmissor, que na época era novidade e muito caro, era uma caixa pequena com dois cordões que eram colocados nos dois ouvidos externos, funcionava com uma pilha e tinha ajustes de volume. Como a minha mãe era costureira, fez uma sustentação parecida com um sutiã para colocar a caixa na frente do meu peito, ficava escondido dentro da minha roupa e apareciam apenas os cordões que se posicionavam no pescoço até os ouvidos. Mais tarde, tive trauma ao usar este aparelho, pois os colegas na escola me olhavam e perguntavam o que era aquilo no ouvido e até mesmo andando na rua me incomodavam muito sob os olhares das pessoas. Senti muita vergonha.

E por outro lado esse aparelho trouxe ótimas oportunidades, pois fiquei atenta à leitura labial, o que contribuiu muito com a minha aprendizagem na escola. Comecei a escutar sons, às vezes o barulho me incomodava muito e desligava o aparelho. Sofri *bullying* dos colegas e primas devido a minha fala, eu trocava as letras nas palavras, pois não sentia a diferença da pronúncia, por exemplo: T com D, F com V, C com Z, CH com J, me lembro que falava crabalho (trabalho), crator (trator), crajá (crachá) etc... Até hoje, me policio quando vou conversar com alguém, pois às vezes falo errado, e quando uma pessoa não me conhece me pergunta se sou uma estrangeira, levo na esportiva e digo que sim. Quem me conhece sabe que sou surda, já há uma rotina normal quando estamos conversando.

Em sala de aula, sempre sentava na primeira fila de carteiras, para ficar mais próxima da professora e ouvir melhor com aparelho e ter melhor acesso visual da leitura labial. Às vezes, sentia dificuldade de entender quando a professora escrevia e falava no quadro de costas para mim e meu irmão chamava atenção da professora. Lembrando que, nessa época, não existia atendimento educacional especializado.

Sempre detestei aulas de Português, principalmente os ditados de palavras, que me deixavam angustiada. Nessa hora sempre procurava um jeito de fugir e pedia à professora para ir ao banheiro até passar o tempo. E quando voltava a professora dava outras atividades, o que para mim era um alívio.

O que mais me marcou e que não esqueço nunca foi a redação, fui contemplada pela professora de Português ao ler minha escrita e os meus colegas começaram a rir. Ao terminar de ler, simplesmente ela me olhou e criticou dizendo que a minha redação era uma porcaria, amassou o papel e jogou dentro do lixo. Fiquei arrasada e chorei muito por ser criticada pela professora e os colegas rindo durante essa leitura... A partir daí, fiquei com trauma de escrever, muitas vezes, eu e meu irmão trocávamos a prova de Português e ele fazia a redação para mim a lápis e depois trocava novamente para eu passar a resposta com caneta azul e com isso sempre tirava nota boa... graças ao mérito do meu irmão..., mas em casa meu pai sempre me auxiliou nos meus estudos, ajudando nos deveres de casa e trabalhos escolares de Português e Matemática. Lembro-me de que perguntava a ele o significado de uma palavra que não conhecia, e ele me encorajava para pegar o dicionário e ler, isso me ajudou muito a desenvolver as ideias.

Fui reprovada cinco vezes no vestibular tudo por causa da redação, ao concorrer para o curso de Educação Artística com habilitação em música pela UFU. Nessa época, eu não tive o privilégio que atualmente os surdos têm, que é o direito de correção diferenciada na redação... Mas tudo bem, tive muita sorte quando fui aprovada no último vestibular, pois o tema da dissertação foi "Música" e agradeço a Deus por me dar esta oportunidade de realizar o meu sonho de me transformar numa boa pianista!

Atualmente, ainda me sinto insegura ao escrever, dependo de alguém para fazer revisão de Português. O mestrado foi o meu maior desafio para escrever, pois escolhi o tema "A utilização de tecnologia para ampliar a experiência sonora/vibratória de surdos", sob orientação do professor Cesar Traldi, na UFU, que me fez pensar e pesquisar com ótima desenvoltura de ideias durante a escrita. Para mim valeu a pena, pois superei com bom conhecimento na língua portuguesa. Falando desse mestrado, realizei os experimentos inéditos através da caixa vibrátil (equipamento desenvolvido durante a pesquisa), encontrei respostas que vieram a resolver minha inquietação e comprovar como os surdos compreendem os sons apesar de não os escutarem.

Na adolescência era preconceituosa por ser surda e tinha vergonha do meu aparelho exposto nos ouvidos. Pedi a meu pai para me presentear com um outro aparelho mais discreto e moderno, e ele comprou outra prótese auditiva retroauricular, que era pequena e podia ser inserida dentro do canal auditivo, sem cordões claro... e logo aproveitei para esconder esse aparelho com o cabelo comprido e solto, para não demonstrar que sou surda.

Durante os meus estudos no curso superior, comecei a participar do curso de verão de Música, tocando piano em Brasília, o instrumento cravo em Juiz de Fora, Educação Musical em Londrina e Curitiba e até tive participação em Portugal na interação com outros músicos surdos. Tive um momento que jamais vou esquecer, quando estava hospedada no alojamento junto com as outras colegas em Londrina, e costumava dormir sem aparelho. Acordei para ir ao banheiro, uma moça me cumprimentou e não retribuí, então ela falou para minha amiga que eu era antipática, mas ela explicou que eu era surda e a reação da moça foi de surpresa. Em seguida, essa minha amiga Wilma me contou o ocorrido, disse que precisava me aceitar como surda, eu tive um choque com essa situação, chorei muito, e refleti: "A partir de agora assumirei que sou surda, chega de esconder o aparelho no ouvido, sou uma pessoa igual às outras, mas apenas não escuto", e assim assumi o meu novo visual, passei a usar rabo de cavalo com aparelhos expostos. Não me esqueço disso, foi o momento em que me libertei do meu próprio preconceito em relação a minha surdez!!

Além de estudar música, meus pais me colocaram na aula de Inglês, não me adaptei pela pronúncia, mudei para o curso de Francês, mas durou pouco tempo, devido à incompatibilidade do meu horário de trabalho. E o tempo foi passando, me interessei em aprender Espanhol, aproveitei para fazer curso de aperfeiçoamento de língua espanhola em Barcelona, na Espanha, durante as férias de janeiro e fevereiro, e me relacionei com vários colegas de outras nacionalidades. Essa foi a minha primeira experiência de viajar sozinha ao Exterior.

E por falar música, interessei-me em aprender a tocar no piano aos 12 anos de idade, fui contagiada pela novela Escrava Isaura, interpretada por Lucélia Santos, que tocava piano, e me apaixonei por aquele instrumento. Minha mãe fez a minha inscrição no curso de piano no Conservatório Estadual de Música Cora Pavan Capparelli, de Uberlândia. Houve no início certa rejeição da professora de piano ao me receber como aluna surda. Mas fui acolhida pela outra professora, Silvana de Oliveira, que teve a paciência de me ensinar, e assim fui me desenvolvendo musicalmente cada vez melhor.

Tenho uma pequena lembrança da minha primeira aula de piano, que foi realizada numa sala pequena, tinha um piano de armário, a professora sentada no banquinho fazendo a demonstração tocando uma música e coloquei a palma da mão na madeira do instrumento e foi aí que senti algo estranho que vibrava na minha mão, que mexeu muito na minha pele, nossa... Tive uma sensação gostosa que me deixou muito emocionada. É lindo!

Durante a minha aprendizagem musical, tive um grande momento de alegria ao ganhar um piano do meu pai, daí em diante, evidenciou-se em mim um grande progresso de estudo da música, pois além de ser estudiosa tinha o prazer de tocar música para minha família. Na minha primeira apresentação em público, aos 13 anos, toquei num piano de cauda a música Cinderela no Baile, tive o reconhecimento de superação em aprender música como também o orgulho dos meus pais. Fui convidada pela diretora para tocar piano no evento importante em que estavam presentes os professores da área de Educação Musical e fui aplaudida de pé pelo fato de ser surda.

Mais tarde aprendi também a tocar órgão, teclado, flauta e saxofone. Mas a minha paixão sempre foi e será o piano!!!

Concluí o curso técnico instrumental de piano, teclado e órgão no Conservatório Estadual de Música de Uberlândia. Em seguida continuei o curso de graduação em Educação Artística com habilitação em Música na UFU. Concluí graduação de Música com muito esforço e dedicação nos estudos do piano, e superei o meu conhecimento musical tanto na música erudita como também na popular.

No curso de música na UFU, tive o desafio de aprender percepção musical, que é um aprendizado voltado para o ouvido, ou seja, aprender a ouvir uma melodia tocada pela professora no piano que realizava um ditado melódico, isto é, ouvir e transcrever na pauta musical, mas isso não consegui fazer, era difícil para mim perceber o som, pois não tinha noção de altura das notas tocadas (quando o som da nota sobe ou desce) e sempre precisei da ajuda de um colega para colar. Mas com o ditado rítmico foi bem tranquilo, pois era visual, a professora batia as palmas ritmicamente, e depois tinha que escrever as figuras rítmicas no caderno de música. Essa é a parte que mais desenvolvi dentro do meu aprendizado musical.

Na disciplina Canto Coral, detestava cantar, pois não tinha afinação devido ao meu comprometimento da perda de audição, sempre desafinava, mas descobri que ao tocar e cantar junto com o piano me sentia segura. E até hoje não sei cantar sequer uma música, tenho vergonha da minha voz!

Aos 18 anos de idade, comecei a trabalhar no Conservatório Estadual de Música Cora Pavan Capparelli como professora substituta de piano e prática de conjunto para alunos adolescentes, depois trabalhei na aula de musicalização infantil, que era bem divertido. No ano seguinte, como era contratada, não tive escolha, acabei ministrando aula de canto coral, justo eu que detestava cantar, mas aproveitei para trabalhar as músicas tocando a melodia no piano, com isso aprendi a sentir as alturas dos sons no piano! Comecei a sentir o que é som grave, médio e agudo, foi maravilhoso...

Em seguida passei a lecionar teclado e órgão, em que permaneço até hoje. Não parei de estudar, fiz especialização em música específica do instrumento de piano. Interrompi o meu trabalho no ano de 1998, devido ao meu casamento com Evaldo, ele é ouvinte, viajamos em lua de mel para a Europa, conhecendo França, Bélgica, Portugal e Itália. E mudamos definitivamente para a Bolívia, na cidade de Santa Cruz de La Sierra. Comecei a trabalhar na Universidade Católica Boliviana dando aulas de teclado e na Universidade Evangélica Boliviana aulas de piano, teoria musical, história da música e canto coral. Esta última, mais uma vez foi um desafio, pois tinha que ensinar a cantar em Espanhol, mas a minha técnica era infalível, sempre tocar e cantar junto com o piano. Neste país achei muito interessante me chamarem de licenciada e não professora.

Com a morte do meu pai, no ano 2000, eu e meu esposo retornamos de mudança para o Brasil, voltei a trabalhar no Conservatório de Música de Uberlândia, dando continuidade às aulas de teclado e órgão.

No ano 2002, recebi cinco alunos surdos, todos sinalizados em Libras e uma surda oralizada que já estudava comigo antes de mudar para a Bolívia. Para mim foi bem interessante conhecer o mundo dos surdos ao se comunicarem em língua de sinais, pois até então não tive contato com outro surdo. Não conhecia Libras, procurei fazer o curso básico. Agora estou finalizando pós-graduação de Docência em Libras e para a qual defendo muito a cultura surda, com isso aplico na linguagem musical em Libras, pois esta é considerada a primeira língua dos surdos. Considero-me hoje professora surda bilíngue, pois lido com alunos surdos oralizados e sinalizados na aula de música.

Como a demanda dos interesses dos surdos pela música no Conservatório foi aumentando, tive que elaborar um projeto chamado O Surdo: Caminho para Educação Musical para dar oportunidade a eles de estudarem música como também na formação profissional desses alunos, o que resultou na formatura de vários surdos músicos. Nesse projeto trouxe a contratação de intérprete de Libras com conhecimento musical para acompanhar na sala de aula. Esse projeto resultou na realização de um Glossário Musical em Libras que foi lançado no ano 2010 e na Banda Ab'Surdos.

A Banda Ab'Surdos nasceu dentro da prática de conjunto no ano 2002, que tem como finalidade não só a interação social do surdo como também a inclusão escolar. A escolha do nome da banda foi bem sugestiva. Atualmente os componentes da banda são 13 surdos músicos, seis ouvintes músicos voluntários, três professores, dois intérpretes de Libras. Os instrumentos que compõem esta banda são: percussão (meia-lua, pandeiro, tumbadora, surdão, ovinho e bateria), guitarra, violão elétrico, contrabaixo e dois teclados. Essa banda tem duas cantoras, a voz interpretada por cantora ouvinte e em língua de sinais interpretada por uma surda, que segue em repertórios a toada de ritmos como *pop*, *rock*, xote, mambo, gospel, o Hino Nacional etc.

O grupo já tem dois DVDs gravados, sendo que o segundo possui 12 músicas inéditas compostas por componentes surdos e ouvintes da banda, registradas pela Biblioteca Nacional do Rio de Janeiro.

A banda Ab'Surdos realizou várias apresentações no Triângulo Mineiro, nas empresas e em outras regiões do País, como Brasília-DF, Varginha-MG, Montes Claros-MG, Franca-SP e Rio de Janeiro–RJ, onde foi realizado evento do Instituto Nacional de Educação dos Surdos (Ines). Foi destaque do Prêmio Sentidos em São Paulo-SP, no ano 2007, classificado em primeiro lugar na categoria Talentos Especiais e no ano 2011 ficou em primeiro lugar na categoria Gente como a Gente. No ano 2012, a banda Ab'Surdos obteve primeiro lugar como música mais comunicativa no Festival Universitário da Canção Jodacil Damasceno, na UFU.

A Banda Ab'Surdos é um exemplo de superação e motivação ao se apresentar para os eventos empresariais, de universidades e outros.

Em resumo da minha história com superação, quero expressar que me sinto realizada por chegar aqui aonde cheguei, apesar de, mas, principalmente, por causa dos contratempos de uma vida que busquei e consegui fazer valer a pena!

Sidnei Silvestre da Silva
(com a tocha)

Tem 38 anos, é brasileiro, casado, pai de três filhos, enxadrista deficiente visual.
Formação: Ensino Médio, Desenvolvimento e Acessibilidade Web.
sidsilvestrenei@yahoo.com.br

William Duarte de Oliveira

Tem 37 anos, é brasileiro, solteiro. Possui formação em Administração de Empresas, Desenvolvimento Web, Acessibilidade Web, Desenho Técnico.
wduarte@firstcambiotur.com.br

SUPERAÇÃO
SUPERANDO O INVISÍVEL!

Em maio de 1978 nascia em Jacaraci, interior da Bahia, Sidnei Silvestre da Silva. Em sua infância já dava indícios de seu problema na visão. Aos oito anos de idade começou a usar óculos, inicialmente tratado e diagnosticado como miopia.

Aos 13 anos, através de exames específicos, realizados em São Paulo e Campinas, foi diagnosticado com retinose pigmentar, doença degenerativa da retina, que causa falhas na visão em locais com pouca luz ou à distância. Mesmo diante dessa situação, a vida do Sidnei e de seus familiares seguia normal, pois os óculos eram capazes de corrigir as falhas ocasionadas pela doença. Ele estudava, ajudava seus pais no trabalho da roça e tinha uma vida como todo adolescente nessa idade.

Passados três anos após o diagnóstico, aos 16 anos, Sidnei se muda para São Paulo, para ter um acompanhamento rotineiro. Assim que se mudou, começou a trabalhar em uma farmácia, como *office-boy*, fazendo as entregas de medicamentos em domicílio.

Foram oito anos se dedicando ao comércio farmacêutico, e nesse período sua doença foi agravando-se, de forma que ficava cada vez mais difícil seguir com as atividades que dependiam da visão, ler as receitas, identificar o número das casas, entre outras. Concluiu o ensino médio com muito auxílio de amigos de classe, pois já não conseguia enxergar o que estava escrito na lousa e tinha dificuldades para ler as apostilas.

Em 2003, quando já estava com muitas restrições até pra se locomover pelas ruas, dando trombadas em postes, pessoas e tropeçando em degraus e buracos, muitos o aconselhavam a se aposentar por invalidez e retornar pra Bahia onde seria cuidado por seus pais e suas quatro irmãs que ainda moravam lá. Não querendo se deixar levar por essa realidade, afastou-se do trabalho e foi fazer reabilitação em uma associação de apoio a pessoas com baixa visão, o Cadevi, com interesse inicial somente em aprender o Braille porque pretendia continuar a ler e posteriormente fazer um curso de massoterapia porque acreditava que seria a única profissão que poderia exercer. Para sua surpresa foi apresentado a outras inúmeras possibilidades. Nessa associação conheceu cegos atuando em diversas áreas do mercado de trabalho como advogados, analistas de sistemas, professores, fisioterapeutas, DJ, entre outros. Matriculou-se nos cursos de informática, Braille, mobilidade e locomoção. Na aula de mobilidade teve o maior choque de realidade de como sua vida estava mudando a partir daquele momento, aceitar que utilizará a bengala para andar é a tarefa mais difícil que alguém que está perdendo a visão tem de enfrentar. No primeiro dia de aula com a fiel escudeira notou o quanto foi mais fácil pegar o metrô e o ônibus para voltar para casa no horário de pico em São Paulo, onde existem mais pessoas querendo passar do que espaço disponível, pois com a bengala na mão todos percebem que está vindo alguém que não enxerga e vão abrindo caminho ao invés de achar que é alguém mal-educado que sai trombando em todo mundo.

Começou a praticar esportes junto com a equipe de atletismo adaptado, visto que o esporte sempre foi o seu refúgio para transpor as adversidades. Dentre as modalidades que já praticou ou pratica até hoje estão Karatê, Capoeira, corridas de rua, patins, xadrez. Com a participação em campeonatos, conquistou várias medalhas e troféus, chegando a ser campeão paulista de xadrez.

Nesse mesmo período conheceu na aula de dança de salão que começou a fazer no Cadevi a Selma, que era professora, e acabaram se casando em 2006, começando ali a construção da família que agora é composta pela Nicole, a Carol e o Bento.

SUPERAÇÃO

Ao concluir o primeiro módulo de informática, percebeu que esta seria sua área de atuação, foi escolhido para trabalhar como monitor na turma seguinte e a partir daí não parou mais de dar aulas de informática para outras pessoas com baixa visão que estavam passando pelo processo de reabilitação. Em 2007 voltou ao mercado formal de trabalho ao ser contratado para trabalhar em uma empresa de *telemarketing* e na sequência foi contratado para prestar suporte técnico aos clientes usuários do leitor de telas Virtual Vision, desenvolvido pela Micropower.

Nesse momento as atividades esportivas ficaram um pouco de lado e a dedicação passou principalmente ao desenvolvimento profissional. Com muito empenho tornou-se especialista na utilização do Virtual Vision e no atendimento aos clientes. Com a necessidade do mercado, passou a formar novos instrutores dedicados ao treinamento de alunos com baixa visão.

Em janeiro de 2009, após ter passado por áreas nada humanas, onde o foco era produtividade e melhoria contínua, iniciei a minha carreira na MicroPower, na área comercial. Apresentando um bom desempenho e relacionamento interpessoal, fui escolhido para iniciar um projeto que mudaria o rumo da minha história, me mostrando outra vida. Esse projeto consistia em efetuar análise de acessibilidade, nas páginas *web* de uma grande instituição financeira.

Esse projeto tinha a princípio duração de três meses, a pessoa que estava comigo nessa fase resolveu sair desse projeto no final do contrato, para tocar seus projetos pessoais.

Em conversa com o meu diretor na época, decidimos pela escolha do Sidnei, pois sabíamos o perfil profissional e o relacionamento interpessoal que ele possui. A vinda dele foi aprovada pela diretoria da nossa empresa e bem recebida pela nova equipe.

Essa nova etapa duraria por mais três meses, ao final do contrato ele resolvera sair, pois o deslocamento se tornou muito cansativo, ele demorava três horas para ir para o trabalho e mais três para voltar para casa. O que o impedia de fazer qualquer outra atividade ou até mesmo dedicar alguns momentos a sua família.

Em conversa, analisamos o que seria melhor para que ele continuasse no projeto. Chegamos à conclusão que seria a mudança dele com a família de Guarulhos para São Caetano do Sul.

Com o tempo vimos a necessidade de nos especializar, indo em busca de cursos que nos davam mais conhecimento técnico, e fizemos juntos um treinamento sobre Análise de Acessibilidade Web e desenvolvimento HTML.

Continuamos prestando consultoria a esta instituição financeira, onde estamos até hoje.

No que consiste esse trabalho? Tem como objetivo garantir a acessibilidade de todas as telas do *site,* tanto transacional quanto institucional. Além disso, analisamos os sistemas internos e auxiliamos para que sejam feitos os ajustes necessários para que os funcionários consigam desempenhar suas funções com melhor produtividade.

Além de efetuar a Análise de Acessibilidade, elaboramos e ministramos treinamentos para desenvolvedores, conscientizando-os sobre a importância de desenvolverem os *sites* e sistemas com acessibilidade, atendendo assim 100% do público da empresa.

Algum tempo depois, por sugestão do Sidnei, comecei a dar aulas de informática para pessoas de baixa visão de forma voluntária, na Escola de Informática da Prefeitura de São Caetano do Sul. Nesse período convidei o Sidnei para ir a algumas aulas e contar um pouco da história dele e servir de exemplo e motivação para muitos que ali estavam iniciando uma nova fase, talvez a mais difícil que é de se inserir novamente no mundo digital, comunicação e interação.

Foi nesse período que percebi o quanto nosso trabalho era importante para as outras pessoas, e o quanto poderíamos ajudá-las e motivá-las a seguir e ter uma vida normal, se comunicando com os amigos através do computador e do celular, saindo de casa e interagindo com o mundo externo. Várias pessoas quando perdem a visão acabam ficando reclusas e se fecham em casa, as famílias muitas vezes contribuem para que isso aconteça, algumas por vergonha outras por medo. Nosso trabalho foi, além de ensinar informática ou efetuar análise de acessibilidade, muitas vezes ensinar, dar força e motivar as pessoas a seguirem com a vida, a ter vida social utilizando as mesmas ferramentas e redes sociais, mostrar que existe um mercado de trabalho que contrata pessoas com deficiência e que elas podem fazer tudo, basta acreditar.

No final de 2015, efetuando um trabalho no *site de um dos patrocinadores da Olimpíada* que seria realizada no Brasil em 2016, havia uma campanha para indicar uma pessoa para ser condutora da Tocha Olímpica. Essa campanha consistia em contar uma história motivadora e inspiradora. Nada mais justo do que eu contar a história do rapaz que saiu da Bahia, trabalhava como entregador da farmácia e sonhava em um dia ser balconista e que hoje é estudado, Consultor em Acessibilidade e que mesmo cego, o que não o limita em nada, é pai de família, casado, com três filhos, joga xadrez mundo afora, faz academia, trabalhou como vice-presidente do Cadevi, instituição em que ele fez sua reabilitação, foi vice-presidente da Federação Brasileira de Xadrez para Deficientes Visuais, anda de patins, entre outras coisas. Foi tudo isso que me motivou a indicá-lo para a condução da Tocha Olímpica.

Fiz a inscrição dele, contando a história de forma resumida, após alguns dias entraram em contato para confirmar a história, fiz a confirmação. Algum tempo depois entraram em contato com o Sidnei checando a veracidade da história e dos dados. Mais alguns dias entraram em contato novamente com ele pedindo que encaminhasse os documentos para a Organização do evento. Esse e-mail chegou no dia em que estava vencendo o prazo de entrega, o Sidnei disse para deixar quieto, que estava muito em cima da hora. Eu disse que não iríamos desistir, pois faltava pouco. Então, em nosso horário de almoço pegamos o carro e fomos até o correio postar a carta com cópia dos documentos solicitados.

Quando foi dia 1º de março de 2016, entrou em contato comigo uma pessoa via Facebook, informando que o Sidnei havia sido escolhido para ser um dos condutores e que eu não poderia falar nada para ele, pois eu iria dar a notícia e seria feita uma filmagem de divulgação.

Nesse momento tive de segurar a ansiedade e emoção para que ninguém percebesse.

Pouco depois, tudo armado para a surpresa, em um sábado de manhã, fui até o Clube de Xadrez, onde ele dá aula, encontrei toda a equipe de filmagem e fiz as passagens de como seria a gravação antes que ele chegasse. Deu o horário, o Sidnei chegou, as câmeras já estavam posicionadas, eu e os profissionais escondidos. Foi dada a largada para um dos momentos mais emocionantes da minha vida, entrei filmando e dizendo o que iria acontecer e quando estava no salão onde jogam dei bom dia e disse que precisaria que ele lesse uma carta em Braille para mim. Essa carta dizia: "Parabéns, Sidnei, você foi escolhido para conduzir a Tocha Olímpica na Olimpíada de 2016". Depois disso foi só choro, pela primeira vez em anos de amizade vi o meu amigo desabando de chorar, mas eu já estava chorando há uma semana.

Após 20 dias, o vídeo foi publicado nas redes sociais atingindo mais de 1,5 milhão de visualizações.

Mas as surpresas não param por aí, na sexta-feira que antecedia a condução da Tocha pelo Sidnei, ele me perguntou o que eu iria fazer no sábado, e eu disse que iria vê-lo conduzir a tocha e tirar fotos para registrar aquele momento que seria único. Ele, com toda a calma do mundo, me pergunta se eu não gostaria de ser o guia dele. Na hora disse sim e milhões de coisas boas me vieram à cabeça, seria mais um ciclo que teríamos a oportunidade de fecharmos juntos.

Foi tudo perfeito, recebemos todas as orientações na concentração, onde todo mundo naquele momento era igual, desde o atleta de ponta que estava em nossa turma até mesmo o garoto da comunidade carente, todos eram condutores da Tocha Olímpica.

Dado o horário, subimos no ônibus e fomos até nosso ponto de condução da tocha, uma emoção sem tamanho, todos em volta gritando, aplaudindo e pedindo para tirar foto.

Chega o fogo olímpico, acende a nossa tocha e partimos para a caminhada mais cheia de emoção das nossas vidas, corremos por 200 metros, me recordo que eu estava correndo um pouco mais rápido e ouço o Sidnei dizer: "Vai mais devagar, vamos curtir mais esse momento", e assim eu fiz. Concluído nosso percurso retornamos extasiados para o ponto de partida.

SUPERAÇÃO

Missão cumprida! Demos nossa história com a Olimpíada por finalizada, mas não foi bem isso que aconteceu. Fomos presenteados com as passagens, hospedagem e ingressos para assistirmos um dia dos jogos Paralímpicos juntamente com os demais componentes da equipe de trabalho.

Tivemos a oportunidade de vivenciar e perceber o quão mágico foi o evento e o quanto a história de cada um que se dedicou para estar ali competindo era motivadora. Muitos dos atletas paralímpicos estão hoje competindo em função de alguma adversidade da vida, porém, nunca desistiram e não deixaram de ter fé e vontade de vencer na vida.

E aí sim fechamos mais um ciclo de nossas vidas, podendo compartilhar esses momentos com alguns de nossos amigos de trabalho e recebendo mais uma lição de vida. Nunca devemos desistir de nossos objetivos, independentemente do que aconteça no meio do caminho entre o hoje e o nosso sonho.

W. Veríssimo

Artista plástico brasileiro, natural da cidade de Franca-SP, é consagrado no mundo inteiro por suas pinturas corporais.

Professor universitário graduado pela Universidade de Franca, diretor da escola de arte W. Veríssimo e das lojas de artesanato, materiais artísticos e de suas grifes em Franca (SP) e Ribeirão Preto (SP), já participou e realizou diversas exposições no Brasil e no exterior.

A sua arte transpôs limites quando foi convidado para o maior carnaval do mundo, no Canadá, o Brazilian Carnival Ball, e essa oportunidade continua gerando a ele outras grandes indicações, tais como escolas de samba famosas do Rio de Janeiro, em 2017.

Desde 2005 W. V. faz parte do *casting* de artistas da Rede Record de Televisão. Um dos quadros de maior sucesso que apresentou foi o "Essa Moda Pega?", do programa Tudo é Possível. Participou de diversos programas da emissora, atualmente apresenta os quadros "Exame de Vista", "Tá no Corpo", "Jogo dos 7 erros", "Caça Palavras" e "Quebra-cabeças" no programa Legendários.

(16) 98856-8090
www.wverissimo.com.br wverissimo@wverissimo.com.br

SUPERAÇÃO

A NUDEZ DA ARTE!

"Espero que minha arte inove e inspire o público para o sentimento da arte e com isso possa viver em harmonia com este planeta Terra!"

Em uma bela tarde de primavera, um jovem estudante de uma universidade de arte senta na calçada e pensativo começa a sonhar. Daí a pouco alguém senta do seu lado, sua professora de artes visuais, e os dois começam a conversar, ela o admira muito pela sua determinação e garra.

O estudante inquieto e visionário mostra um projeto à professora, seu sonho era continuar a viver e respirar arte:

O desenho era de uma grandiosa escola de arte, seu sonho era ser professor e poder, assim, transmitir seus conhecimentos e sua alma artística.

Ele já nasceu artista, veio de uma família simples, nasceu em Franca, SP, na infância começou a demonstrar grande interesse e talento pelas artes plásticas, gostava de pintar e desenhar, seu pai, José Luís Veríssimo, ou, como era conhecido, Zé Galo, é mecânico e sua mãe, Aurora, um nome sugestivo, pois seu filho reluz como a aurora brilhante, como a aurora boreal ele é um fenômeno, sua dedicada mãe é dona de casa e cuida dele até hoje!

O sobrenome Veríssimo já nasceu com ele, herança de família, ele fez questão de continuar com o mesmo nome artístico. Veríssimo, hoje, é arte pura!

Estudou no grupo Barão da Franca, no Pestalozzi, onde fez Contabilidade, graças aos esforços de seus pais.

Posteriormente começou a pintar camisetas e a trabalhar com artesanato para, possivelmente, conseguir pagar a faculdade de Educação Artística, pois seus pais já não podiam arcar com tal despesa.

O dinheiro era pouco e, em consequência disso, teve que trancar a matrícula por duas vezes.

Como ele sempre diz, quando termina uma fala: "Foi por Deus"!

Um grande trabalho de restauração em uma igreja de Franca caiu em suas mãos de artista, sofreu muito, pois era inexperiente no assunto, estudou bastante também, embora sem recurso nenhum, sem bibliografia, foi um trabalho de descobertas, autodidata, descobriu novas técnicas, correu grandes riscos ao trabalhar com fogo e tinta, mas o dom prevaleceu e o trabalho concretizou-se de forma positiva e do agrado do pároco.

Até hoje as 25 imagens que foram trabalhadas em seis meses estão bonitas, intactas, resultado de um trabalho bem feito.

Como ficou um trabalho bonito, chamou a atenção do reitor da universidade, que foi até o ateliê do artista e levou uma imagem portuguesa, lindíssima, para que ele restaurasse. Ele comenta que quando ia retirando as camadas de tinta encontrava ouro 18 quilates, achou fantástico, ali, sim, estava diante de uma verdadeira obra de arte!

O reitor, sem contar sua identidade, fez novas encomendas e ficou tão feliz que o convidou para ir até a universidade para conversar com sua secretária e o agraciou com uma bolsa de estudos para que ele concluísse o curso de artes que fora interrompido.

Foi uma grande surpresa para ele saber que seu contratante era nada mais nada menos que o reitor da universidade.

Hoje são grandes amigos, o artista sente uma gratidão imensa por essa pessoa tão importante na sua vida, sempre um ajudando o outro, "foi por Deus"...

Dr. Clóvis Ludovice, um nome marcante na sua vida pessoal e profissional.

Diretor presidente na empresa União Ludovice de Empreendimentos Ltda., chanceler fundador da Universidade de Franca – Unifran.

A oportunidade dada gerou novas possibilidades, passou a ser mestre efetivo, depois de substituir a professora citada anteriormente, agora aposentada, a artista plástica Maria Goret Chagas, e hoje ambos ultrapassaram limites nacionais e internacionais levando o nome de Franca para todo o Brasil e Exterior.

Na Universidade de Franca encontrou grandes amigos, grandes incentivadores, pessoas fundamentais na sua carreira.

Nesse ínterim fundou a sua Escola de Arte W. Veríssimo e as lojas de artesanato, materiais artísticos e de suas grifes em Franca e Ribeirão Preto, no Interior de São Paulo, já participou e realizou diversas exposições, no Brasil e no Exterior, e com grande motivação foi superando os obstáculos, os desafios, enfim toda a luta que se tem ao realizar sonhos.

É um artista versátil que desenvolve a sua criatividade dentro das mais diversas vertentes da arte. Veríssimo afirma: "A pintura pode ser executada com pincéis e, ou até mesmo, com os dedos, quando se torna uma pintura impressionista".

Passou por momentos difíceis, dolorosos, com grandes perdas, mas venceu!

Seus alunos, aprendizes de pintura e artesanato, o respeitam muito.

Não existem barreiras para a criatividade de W. Veríssimo, que desenvolve um trabalho ousado e diferenciado em qualquer projeto ou produção. "Sou um artista muito versátil, talvez por ter uma escola de artes em Franca, foi necessário conhecer todas as técnicas, por isso faço de tudo um pouco: desenho, pintura, escultura, pintura ao vivo, pintura corporal, artesanato, entre outros."

Com relação ao estilo que desenvolve, explica que hoje, com sua versatilidade e conhecimento a fundo em vários estilos e técnicas, desde o desenho, pintura, escultura, usa todas as linguagens artísticas, "por isso há um bom tempo venho desenvolvendo meu estilo próprio, é definido como uma mistura de Cubismo (pelas suas formas geométricas com linhas retas e firmes) e de Impressionismo, por ter cores alegres vibrantes e iluminadas, tendo um pouco do pontilhismo. Com pequenas pinceladas quadradas que se movimentam pela tela, dando-nos uma impressão de leveza. Desta rica mistura de estilos surge uma nova técnica e estilo, o VERÍSSIMO, por que não?

No meio dessa labuta, surgiu a oportunidade de expressar sua arte em corpos, sim, o corpo humano seria a sua nova tela!

Patrícia Colunista: este nome, em Franca, também marcou profundamente a sua carreira, ela, a grande guerreira, ousou usar o nu, o nu? Sim, na sua tradicional Noite E.P., cheia de coragem e inovação, o convidou para pintar corpos nus e fazer a abertura da noite de gala mais famosa de Franca.

Isso o assustou muito, sentiu uma pressão muito grande, mas se a anfitriã atreveu-se ele teria mais que se sentir encorajado.

Seu trabalho ainda era visto com estranheza, como ato agressivo.

Foi mais uma noite de sucesso e gratidão eterna a essa pessoa tão querida por ele e por todos que convivem com ela. A grande colunista social!

Ainda nos dias atuais ela é uma das maiores divulgadoras do trabalho deste grande artista.

Patrícia, ou Sonia Menezes Pizzo, nasceu em Franca e entrou para o mundo da comunicação no ano de 1958, escrevendo para o jornal Comércio da Franca.

Mas a televisão também chamou Patrícia e ela começou então na TV Record – Região e Record em Revista. Nos serviços à comunidade, Patrícia é fundadora da APAE de Franca, e faz questão sempre de dar o melhor de si, divulgando com o maior carinho todas as boas causas da cidade. Idealizadora da NOITE E. P. EMPRESÁRIO E PERSONALIDADES, sempre muito prestigiada. (Fonte: http://www.colunistapatricia.com.br/historia.asp)

A PINTURA CORPORAL... A MARCA DO GRANDE ARTISTA!

Veríssimo é um dos poucos artistas plásticos no Brasil a realizar pintura ao vivo com os dedos (sem o uso de pincéis).

Vale ressaltar que a tela pintada tem tamanho mínimo de 40x50 centímetros.

Ele lembra, com entusiasmo, que a pintura com as mãos aconteceu em outro evento, foi convidado para pintar em espetáculo musical francês que falava sobre Edith Piaf e ele representava o artista de rua que pintava nas praças de Paris. "O tempo para eu pintar era curto e com os pincéis não era rápido. No meio da apresentação comecei a pintar com os dedos, o resultado foi fantástico! O público foi ao delírio! E rolou muita emoção", lembra o artista.

O marcante nesse tipo de pintura é a rapidez com que é executada: "De quatro a 30 minutos, dependendo da proposta apresentada", diz ele.

Vamos falar um pouco mais sobre maravilhas: quantas vezes você já ouviu alguém comentar que o corpo de determinada pessoa parece uma obra de arte?

Partindo dessa afirmação Veríssimo resolveu transformar corpos em telas e deixar que suas obras de arte andem pelo meio das pessoas, causando impacto e admiração.

Veríssimo descobriu essa habilidade artística quando foi convidado para pintar três pessoas que representariam estátuas gregas em uma apresentação teatral. Em 1994, a professora Gisela Durval o convidou para criar estátuas gregas em seu espetáculo de dança.

A pintura corporal feita por ele ficou tão real que o público achou que eram estátuas e quando essas se mexiam criavam uma expectativa alucinante, foi um sucesso!

Naquela oportunidade, o artista fez uma textura marmorizada sobre os corpos dos modelos que causou espanto da plateia, que pensava serem estátuas de verdade. Porém, sua pintura ficou internacionalmente conhecida após apresentar-se em um programa de televisão do Brasil, o hiper-realismo empregado na pele dos modelos é tão marcante que após esta aparição na mídia Veríssimo recebeu inúmeros convites e se apresentou em todas as emissoras abertas do Brasil.

Usando modelos masculinos e femininos, o artista faz uma exaltação da sensualidade, mostrando a beleza da anatomia humana associada à arte. Essa técnica de pintura corporal pode ser utilizada em propagandas de TV, desfiles de moda, festas de gala, feiras e eventos corporativos como atração ou fixação da marca.

A arte transpôs limites quando foi convidado para o maior carnaval do mundo, no Canadá, o Brazilian Carnival Ball, que existe há 43 anos e é um evento vitorioso de Toronto. Criado pela mineira, a saudosa, Anna Maria Marcolini Guidi de Souza, o baile é beneficente e reúne anualmente cerca de dois mil convidados que desembolsam 15 mil dólares pela mesa mais barata. Em mais de quatro décadas, essa entidade filantrópica internacional bateu um recorde em contribuições e patrocínios: o baile se classifica entre as maiores galas beneficentes do mundo, a mais importante do calendário oficial canadense e o maior baile anual de carnaval brasileiro do planeta.

W. Veríssimo durante cinco anos viajou para lá com uma equipe de 180 pessoas e esta oportunidade continua gerando a ele outras grandes indicações, tais como escolas de samba famosas do Rio de Janeiro, em 2017.

"Império Serrano com pinturas W. Veríssimo é campeã do grupo"

"Comissão de Frente da Unidos da Vila Isabel com as pinturas de Veríssimo"

(Fonte: https://www.youtube.com/watch?v=5R2XW8VL4w0)

Ele passou a criar obras de arte únicas que envolvem a beleza da forma humana em uma Francal, tradicional feira de calçados. Além de criar obras de arte na pintura corporal, essas esculturas deveriam carregar sapatos, novas coleções em suas cabeças, nasceu aí uma intervenção artística genial com o *marketing* que gerou polêmica e muita curiosidade, um salto para a versatilidade criativa na produção de calçados.

Usando o corpo como se fosse uma tela, pode criar e elaborar obras com cores, *design* e movimento e a pessoa passa por uma experiência única.

A arte ganha vida na tela que está viva, vive e respira literalmente!

Presença marcante no Carnaval de São Paulo e Rio de Janeiro, levando suas artes nos corpos de artistas e modelos nos desfiles das Escolas de Samba.

Passando por várias experiências com materiais para pintura corporal, W. Veríssimo desenvolveu sua própria marca com uma textura que facilita seu trabalho e transforma suas pinceladas em verdadeiras obras de arte.

Hoje W. Veríssimo é homologado no "Rank Brasil", livro dos recordes brasileiros.

SUPERAÇÃO

A cada dia Veríssimo conquista admiradores e fãs pelo Brasil, onde passa as pessoas querem fazer fotos e pedem autógrafos.

A TV o descobriu e várias emissoras passaram a procurá-lo, Gugu o grande incentivador, Globo – Faustão, SBT – Programa do Ratinho, Gente que brilha, Domingo Legal, Viva a noite, Band – A noite é uma criança, Boa noite Brasil, Rede TV e outras. Ana Hickmann é sua fã e são grandes amigos, Marcos Mion, do programa Legendários, da rede Record, criou vários quadros no seu programa com as pinturas corporais, aumentando cada vez mais o Ibope.

Silvio Santos desenvolveu com o artista um programa piloto, inovador, uma competição, e Veríssimo ganhou um troféu e a atenção do respeitado empreendedor. O ícone tornou-se seu fã e ganhou dele uma tela que retrata as mulheres de sua vida. Essa tela se encontra em seu camarim.

Pedro de Lara também se rendeu à sua arte!

Ele cativa pelas suas principais características: simplicidade e alegria contagiante.

Pela sua arte, Veríssimo recebe convites para participar de diversos programas de TV, tanto canais abertos como pagos.

Já foi matéria nos principais jornais e revistas de circulação nacional. Fez programas de TV regionais, nacionais e internacionais sempre levando com muito orgulho o nome da cidade de Franca.

Desde 2005 W. Veríssimo faz parte do *casting* de artistas da Rede Record de Televisão. Um dos quadros de maior sucesso que apresentou foi "Essa Moda Pega?", do programa Tudo é Possível, onde levava suas pinturas corporais para as ruas das principais cidades do Brasil. Participou de diversos programas da emissora, atualmente apresenta os quadros Exame de Vista, Tá no Corpo, Jogo dos 7 Erros, Caça Palavras e Quebra-Cabeças no programa Legendários.

Grandes atrizes foram pintadas por ele, participa de concursos de miss Brasil e de congressos científicos.

"Assim faço minha Arte caminhar até o público que a acolhe com grande euforia!" (W. Veríssimo)

"Se você pode sonhar, você pode fazer."
(Walt Disney)

Prezado leitor,

Você é a razão de esta obra existir, nada mais importante que sua opinião.

Conto com sua contribuição para melhorar ainda mais nossos livros.

Ao final da leitura acesse uma de nossas mídias sociais e deixe suas sugestões, críticas ou elogios.

WhatsApp: (11) 95967-9456
Facebook: Editora Leader
Instagram: editoraleader
Twitter: @EditoraLeader

Editora Leader